Boteteme Munné Batet

Caroline METOTE

Pratik de com

PYGMIES

Ce livre a été réalisé par les éditions Pygmies
Douala, Cameroun
Tél. : +237 677 47 85 55 — +237 677 13 42 11
contact@pygmieseditions.com
www.pygmieseditions.com

Imprimé en France
Tous droits réservés pour tous pays.

Dépôt légal.
© Éditions Pygmies, mai 2024

ISBN : 978-9956-459-27-8

INTRODUCTION GÉNÉRALE

Qu'on s'en défende ou non, on a toujours tendance à traiter la communication comme un fait d'abord sémantique. On sait que la communication n'a pas de réalité autonome, qu'elle s'inscrit dans un contexte et que sa compréhension nécessite un recadrage. L'École de Palo Alto nous a familiarisées avec les notions de contexte et de recadrage. Paul Watzlawick a beaucoup œuvré à la propagation de ces idées nouvelles pour l'époque. Nous avons appris la systémique et avec elle, l'existence des boucles de rétroaction et de la causalité circulaire. Nous savons qu'un système ne se réduit pas à ses composants. Mais il n'empêche pas que nous privilégions le sens et que nous le faisions d'une manière inquiétante par son automaticité. Comme si seul compte le message. Même quand nous évoquons la pragmatique, c'est en pensant aux effets du sens. Comme s'il n'existait de communication que quand il y a message à transmettre. Les mauvaises habitudes ont la vie dure[1].

Ce texte d'Hugues Hotier que nous citons en exergue pose parfaitement la problématique que nous voulons dépasser à travers les modèles présentés. Comment se fait-il que, malgré toutes les avancées dans les sciences de la communication, les scientifiques de tous les domaines, comme les hommes de la rue, utilisent encore

---

[1] H. Hotier, « Induction et communication », in revue, *Communication et organisation, textes préparatoires* au colloque, Bordeaux, juin 1997, p. 144-145.

le modèle émetteur — récepteur pour penser les phénomènes de communication ?

Les réponses sont connues. Il y a tout d'abord le poids du vécu quotidien qui impose le modèle de l'influence de la communication. En effet, les situations standard les plus prégnantes de notre vie (école, famille, relation patron-salarié, exposition aux médias publicitaires…), nous mènent dans des postures ou nous devons subir ou résister à l'influence, ou encore dans lesquelles nous devons exercer une influence sur autrui. Tout naturellement, nous avons donc tendance à penser la communication en tant que phénomène d'exercice d'un pouvoir sur autrui. Le modèle émetteur — récepteur est alors très pratique.

Pour expliquer la prégnance du modèle émetteur — récepteur, on peut aussi avancer des raisons culturelles. Il s'agit là du seul modèle enseigné dans les écoles et les universités, il s'agit là aussi du seul modèle évoqué dans les explications données dans les divers médias lorsqu'ils veulent commenter une information concernant la communication. Il s'agit là aussi du seul modèle explicitement utilisé par tous les médias de masse (journaux, radio, télévision, publicité) auxquels nous sommes tous les jours exposés.

Il ne faut pas oublier que nous vivons dans une culture complètement imprégnée des modèles rationalistes et causalistes. Ce sont les sciences dites dures qui tiennent le haut du pavé et qui fascinent les foules. Or ces sciences utilisent des schémas simples cause — effet. Le modèle émetteur — récepteur fait de même. Il est alors en adéquation culturelle avec la science ambiante. Il est donc facilement appréhendable par les esprits, tandis que les autres modèles — plus élaborés et surtout renvoyant à la causalité circulaire ou à la complexité utilisées en sciences humaines —

heurtent les modes habituels de raisonnement des « scientifiques »
et du public.

Enfin, la toute-puissance du modèle émetteur — récepteur renvoie
à la prégnance de la métaphore qu'il utilise. Cette métaphore est
simple et immédiatement appréhendable : il s'agit de la métaphore
du télégraphe. Cette métaphore s'impose, car elle schématise bien
les intuitions banales que l'on peut avoir de la communication : à
tel moment « il y en a un qui parle et l'autre qui écoute » ; « il y a
un contenu qui est transmis et qui sera décodé ».

Cet ouvrage se fixe pour objectif d'apporter des moyens pour
l'ensemble des chercheurs et du *vulgum pecus* cesse de penser la
communication par le biais du modèle émetteur-récepteur.

L'ouvrage met d'abord en exergue les modèles les plus utilisés pour
les études des communications, pour bien montrer que chacun de
ces modèles se centre sur certaines questions seulement et se
trouve, de ce fait, limité.

La pratique de la communication en organisation ne se fait pas en
dehors d'un plan de communication bien élaboré.

CHAPITRE I : CONNAISSANCE DE L'ORGANISATION ET DE SON ENVIRONNEMENT

Aujourd'hui plus que jamais, l'entreprise doit pouvoir parler d'elle, de ses objectifs, ses missions, ses enjeux, ses pratiques, sa culture, son professionnalisme, son savoir-faire et son savoir-être. La connaissance de l'environnement interne et externe est un atout non négligeable pour le nouveau communicateur qui vient d'intégrer le milieu professionnel. Celui-ci doit pouvoir puiser les informations qui sont enfouies dans l'environnement pour présenter l'entreprise dans ses meilleurs atouts. La connaissance de l'environnement permet au stratège de préparer les différents plans et stratégies qu'il aura à mettre sur pied durant toute son existence dans cette entreprise. Le spécialiste de communication doit, une fois qu'il est intégré dans l'organisation, maitriser l'organisation des personnes et le mode de circulation des informations ainsi que le déploiement des ressources en conformité avec les intentions stratégiques, les outils et dispositifs de communication inhérents à cette entreprise. Il est donc d'une importance suprême que l'on prenne connaissance des facteurs suivants lorsqu'on aborde la structure d'organisation.

La connaissance de l'environnement interne de l'entreprise permet le bon choix des outils et dispositifs de communication ; la connaissance de l'environnement externe permet de maitriser la concurrence, le comportement d'achat des consommateurs, la communication et les outils de communication des concurrents, le marché et sa segmentation.

Connaissance de l'organisation

Les objectifs de l'organisation

Les organisations qui établissent des objectifs ambitieux prospèrent plus que celles qui ne le font pas. Ceux-ci peuvent porter sur :

- L'étendue des opportunités perçues en fonction du potentiel de revenu qui peut être calculé à partir de la part de marché potentiel dans le marché existant et nouveau ;

- L'atteinte du taux minimum de développement nécessaire pour maintenir et dépasser l'intégrité du capital de l'entreprise.

L'objectif est de parvenir à réaliser un chiffre d'affaires qui lui confère une marge bénéficiaire remarquable lui permettant de conserver son capital et d'investir selon un programme établi à court, moyen ou long terme.

Les entreprises se fixent souvent trois types objectifs de communication :

- Les objectifs d'information, pour se bâtir une notoriété ;

- Les objectifs d'image, pour être apprécié dans son environnement ;

- Les objectifs de mobilisation, pour entrainer l'achat, le rachat et la fidélisation des clients.

Ces objectifs peuvent être implémentés à court, moyen ou long terme comme le montre le tableau ci-après :

Tableau 1 : Les objectifs à mettre en œuvre

Court terme (1-2 ans)	Moyen terme (3-4 ans)	Long terme (5 ans)
Position sur le marché Segmenter le marché Investir dans les dépenses promotionnelles ; Fixer des prix à des niveaux compétitifs ; Élargir la couverture du marché ; Étendre la gamme de service ; Identifier des fenêtres d'opportunités. **Innovation** Créer de nouveaux services ; Favoriser l'éclosion et la formation des futurs managers et chefs de projets ; Créer un service de recherche et d'innovation ; Créer un service de communication. **Qualité de service** Réorganiser la manière de travailler ; Mettre sur pied un service accueil ; Créer un service d'information et de communication pour le personnel et les usagers de l'entreprise ; Créer un service d'exploitation pour le suivi et la livraison à temps des dossiers et colis des clients ; Créer un comité de réflexion. **Ressources physiques et financières** Acquisition du matériel roulant Réaménager les infrastructures de l'entreprise. **Rentabilité** Augmenter son chiffre d'affaires de manière graduelle ; Augmenter la taille du marché progressivement. **Performance et attitude des employés** Diviser l'entreprise en des unités facilement gouvernables ; Créer des lignes de communication ;	**Position sur le marché** Augmenter la pénétration du marché de façon graduelle de 1 % chaque année ; Initier le premier pas à l'international. **Innovation** Lancement du premier service novateur ; Établir les critères de succès ; Pratiquer des joint-ventures et des accords de collaboration informelle. **Qualité de service** Engagement dans le management de la qualité totale ; Établissement définitif d'une grille de prix des prestations ; Réduire les défauts obtenus sur les dossiers ; Faire chuter les réclamations. **Ressources physiques et financières** Réinvestir les profits dans des secteurs rentables ; Aménager le cadre de travail. **Rentabilité** Ouvrir de nouvelles agences ou représentation ;	**Position sur le marché** Mener une attaque unifiée sur le marché ; S'établir fortement à l'international ; Avoir une envergure internationale. **Innovation** Procéder à des fusions et des accords ; Augmenter la taille des services ; Lancement. **Qualité de service** Augmenter les avantages service en termes de fiabilité, rapidité, écoute client ; Accélérer les temps de livraison. **Ressources physiques et financières** Affecter des ressources financières pour des dépenses en investissement ; Acquisition d'un espace immobilier. **Rentabilité** Atteinte d'une surface financière assez large ; Cash-flow plus important. **Performance et attitude des employés** Primer les meilleurs employés. **Responsabilité publique**

Mettre en place une structure de prise de décision ; Fournir une culture et une infrastructure qui encourage la créativité et le sentiment de « faire avancer les choses » tout en guidant l'activité sur des voies productives ; Faciliter la création d'un réservoir de savoir et de management expérimenté ; Définir clairement les responsabilités de tout un chacun ; Inspirer une culture d'entreprise à partir des différents échelons de son personnel ; Définir un système de rémunération adéquat ; Faciliter l'acquisition de savoir-faire, des connaissances et d'expériences ; Fournir des personnes et des ressources à des niveaux suffisants ; Considérer la victoire comme standard et norme de l'entreprise. **Responsabilité publique** Mener des actions marketing	Augmenter le chiffre d'affaires de manière progressive de 2,5 à 5 % par an. **Performance et attitude des employés** Rester unis en toutes circonstances ; Augmenter le niveau d'engagement du personnel ; Amener le personnel à se former. **Responsabilité publique** Mener des actions de communication corporate ;	Mener des actions de communication corporate.

Source : Nos propres soins

D'autres types d'objectifs peuvent être formulés :

Objectifs de rentabilité ou de profit

- Développer son savoir-faire en matière de prévisions des ventes et de contrôle budgétaire ;

- Aider la division commerciale en définissant de nouvelles possibilités de marché, d'innovation et de nouveaux canaux de recherche et développement.

Objectifs de volume et de puissance

Mettre en œuvre des actions de communication susceptibles d'accroître la pénétration sur le marché dans le but de :

- Faire passer sa part du marché de 0,32 % à 1 % ;

- Conquérir 1 % de part du marché local et nous établir en national ;

- S'ouvrir à l'international ;

- Innover et signer des partenariats ou des accords afin de déstabiliser la concurrence.

Objectifs de but et de sécurité

- Asseoir une politique managériale tournée vers le bien-être et l'épanouissement du personnel ;

- S'assurer un espace financier confortable qui permettra d'investir dans d'autres domaines.

Les missions de l'organisation

Le stratège doit disposer d'une base à partir de laquelle élaborer ses stratégies. Il faut qu'il y ait quelques principes directeurs, quelques idées de forces qui réunissent et concentrent sa réflexion sur le choix des options stratégiques qui mettront l'entreprise le plus à son avantage en exploitant les opportunités pour lesquelles elle est la plus apte, et pour lesquelles elle détient un avantage concurrentiel inné. Pour ce faire, il doit se poser certaines questions :

- **Avantage concurrentiel** : comment peut-on appliquer les avantages concurrentiels aux opportunités du marché ?
- **Opportunités d'affaires :** comment peut-il développer ses savoir-faire dans de nouveaux domaines ?
- **Positionnement concurrentiel :** quel positionnement peut-il prendre à l'intérieur de ses marchés pour défendre ses positions ou pour attaquer celles de ses concurrents ?
- **Positionnement d'innovateur :** quels services ou zones de marchés peut-il dominer par un investissement de promotion, de qualité de service, davantage de coûts et de prix, qui puissent consolider une position de bonne rentabilité ?

Une fois que le stratège s'est posé ces questions, il doit pouvoir élaborer des projets de communication pour l'organisation de même qu'en ressortir les opportunités qui s'offrent à elle. En effet, une fois qu'une organisation a commencé à opérer sur la base d'un horizon plus lointain, il devient possible de développer une orientation mondiale. Elle peut investir dans les services nouveaux, redéployer ses ressources et désinvestir des domaines d'activités qui ne sont plus rentables. À travers ses activités, l'organisation peut commencer à dégager des stratégies mondiales.

Stratégie de maintenance de marché

Elles servent à développer et maintenir la position concurrentielle de l'entreprise sur le marché. Il est essentiel de viser, dans sa stratégie de maintenance, à augmenter sa part de marché, élargir ses segments, et créer une demande supplémentaire par :

– L'augmentation de la pénétration du marché à travers une présence accrue chez le client ;

– L'investissement élevé dans les dépenses en marketing promotionnel ;

– La fixation des prix à des niveaux compétitifs visant à la pénétration du marché ;

– L'élargissement de la couverture du marché ;

– L'extension de la gamme de service.

Stratégie de développement de nouveaux services

Elle permet de :

– Augmenter la position globale de l'entreprise ;

– Déstabiliser les concurrents par l'innovation ;

– Augmenter le potentiel de profit par les prix élevés sur les nouveaux marchés.

Stratégie d'entrée sur de nouveaux marchés

On peut s'introduire sur de nouveaux marchés de plusieurs façons :

– La vente des services standards à des prix similaires par les mêmes types de canaux, avec une approche commune pour la communication et le marketing ;

– S'adapter : satisfaire les besoins du client tel que le fait la concurrence ;

– Réorienter ses services dans des marchés différents ;

– Diversifier : selon 3 méthodes : exploiter le système des valeurs de marché dans lequel opère l'entreprise, élargir les opportunités dans le système de valeurs de son marché, créer une forme de synergie.

Nous ferons ressortir avec emphase la nécessité de trouver un avantage compétitif, concentré sur le développement des activités plutôt que sur une croissance pure et simple. Et surtout nous soulignerons la nécessité d'adopter une orientation internationale. Le but de la stratégie face au marché est de permettre d'évaluer ses forces relatives et ses avantages concurrentiels par rapport aux défis et aux opportunités que le marché offre. Ceci constituera la base d'une stratégie de développement qui lui permettra de planifier ses stratégies de communication et de les alimenter avec des ressources physiques et financières. Elle les aidera à déterminer les priorités pour les projets et à décider où localiser ses services.

Les politiques de communication

Elles sont cinq au total : les politiques de services, les politiques de promotion et de publicité, les politiques de prix, la stratégie de profit et la stratégie de part de marché.

Les politiques des services

Elles concernent la réorganisation de la manière de travailler, la mise sur pied d'un service accueil de qualité, la création d'un service d'information et de communication pour le personnel et les usagers de l'entreprise, la création d'un service d'exploitation pour le suivi et la livraison à temps des dossiers et des colis des clients et la création d'un comité de réflexion.

Les politiques de promotion et de publicité

Hors médias

La publicité hors médias porte sur les aspects suivants : segmentation, prospection, formation, échanges, mailing, création, porte ouverte, séminaires, relations publiques, dîners, sponsoring, mécénat, contrats, joint-venture, partenariats, augmentation de la taille du marché, innovation.

Multimédias

Il s'agit de l'E-mailing, de la création de sites web, enfin de la recherche et du développement

Médias

Elle porte sur les aspects suivants : spot RTV, interviews, reportages, publireportage, affichages, banderoles, insertions, encarts.

Les politiques de prix

Les axes suivants obéissent à ces politiques :

- Pratiquer les prix du marché, si possible, proposer des commissions aux responsables ;
- Arrêter une mercuriale de prix pour toutes les prestations ;
- En présence d'un client qui ne maîtrise pas le circuit, maximiser la marge bénéficiaire ;
- La même attitude devra être observée vis-à-vis des clients sporadiques ;
- Reverser les commissions à temps et même en avance si les perspectives de nouveaux dossiers sont en vue.

La stratégie de profit

Il faut souligner que la plus petite ou plus grande marge bénéficiaire sera avantageuse pour l'entreprise si les frais d'exploitation sont couverts. Il faut donc signer des contrats si la marge bénéficiaire parait plus importante. Pour rentabiliser le profit réalisé, il convient d'investir rapidement sur les marchés nouveaux qui confèrent une forte part de bénéfice.

La stratégie de part du marché

L'organisation doit occuper graduellement le marché, et ce, de manière effective. Elle devra s'employer à mettre un accent particulier sur la recherche au net qui confère un avantage concurrentiel énorme étant donné qu'à ce niveau, les relations sont établies directement avec les décideurs, et pratiquer le système de partenariat pour élargir ses segments.

La vocation de l'organisation

L'organisation a pour vocation d'être le meilleur partenaire national et international en offrant un service de choix et de qualité, en respectant les normes requises en la matière s'agissant des prix et de la qualité du service.

Elle doit accompagner les clients dans les multiples choix qu'ils ont à opérer pour leur satisfaction et leur bien-être.

Le but de l'organisation

Le but est de devenir à long terme le *Top of Mind* dans le cœur des consommateurs pour de longues périodes et pour les générations futures.

Les caractéristiques des marchés

Notons que nous observons trois types de marchés : le marché local, le marché national et le marché international.

- **Le marché local** : il s'agit de la ville où l'organisation est implantée et de ses environs ; à Douala (Cameroun) par exemple, on retrouve une forte concentration d'entreprises et de commerces qui font dans l'import et l'export des marchandises.

- **Le marché national et sous régional** : plus dense et plus important, il peut rivaliser avec le marché local en offrant de meilleures possibilités.

- **Le marché international** : il offre plus d'opportunités en termes de marché, de contrat, d'alliances avec les entreprises multinationales.

Il s'agira donc pour l'organisation de voir comment pénétrer tous ces marchés. Pour être très prudents avec les chiffres, nous n'avancerons pas de pourcentage de départ.

La stratégie

Pour atteindre ses objectifs, il faut concevoir des stratégies de communication capable d'asseoir une politique qui permet de prendre une avance considérable sur ses concurrents et leurs différents marchés.

Le processus de gestion

Il s'agit de connaitre comment sont prises les décisions dans l'organisation. Est-ce :

– Au niveau de la direction

– Au niveau des services d'exploitation

– Au niveau de la division comptabilité et finance

– Dans le cadre général.

La connaissance du processus de gestion permettra l'élaboration d'un plan d'action. Celui-ci sera élaboré pour une période de cinq ans et comprendra :

Tableau 2 : Plan d'action

Avant	Pendant	Après
Étude et choix des options à mettre en œuvre ; Choix définitif ; Mise en place des éléments de stratégies ; Lancement des premiers éléments de stratégies.	Contrôle des stratégies ; Réajustement des stratégies ; Réunions stratégiques.	Élaboration de nouvelles stratégies de communication pour les prochaines années.

Source : Nos propres soins

La mise en œuvre aura lieu dès la validation du plan par la direction qui retiendra les orientations qu'elle voudrait bien adopter. Le contrôle devra être mensuel. Ce qui permettra de faire des ajustements au moment opportun et ne tolérer aucun écart.

Les niveaux de décision

Dans l'organisation dans laquelle l'on est appelé à servir, il faut connaitre les niveaux de décisions mis sur pied par le top management pour gérer les hommes et les biens. Il existe trois niveaux de décisions dans les organisations : stratégiques, politiques et tactiques. Ceux-ci peuvent être adaptés dans la gestion d'une cellule ou d'une direction de communication.

Tableau 3 : Les niveaux de décision

Les décisions stratégiques	Les décisions politiques	Les décisions tactiques
Conquérir et apprivoiser de nouveaux marchés en conservant ceux que l'on détient ; S'ouvrir dans le monde à travers les alliances avec des entreprises plus développées sur le plan structurel, infrastructurel et international ; Acquérir une flotte propre en tracteurs et semi-remorques, hister et porte-charge ; Élargir la gamme de ses services dans les domaines comme les voyages et loisirs, le tourisme, la distribution des courriers, le déménagement international qui sont autant d'éléments du transit et du transport… ; Signer des contrats en amont avec les entreprises investissant au Cameroun ou dans la sous-région ; Couvrir la zone Afrique centrale en signant des accords de partenariat avec les missions économiques des pays de la sous-région ou avec les entreprises installées dans ces pays ; Concentrer toutes les énergies commerciales dans l'utilisation de tous les moyens possibles pour l'acquisition des marchés.	Fixer des prix raisonnables par prestation de service et facilement attrayants pour les importateurs locaux et étrangers ; Mettre sur pied une politique de prix ressortant des marges bénéficiaires net pour chaque type de prestation ; Fixer et plafonner les montants globaux des dépenses qui ne sont pas directement liés aux coûts d'exploitation par service ou par Division ; Déterminer les budgets relatifs à la publicité, au marketing et aux relations publiques ; Déterminer les prix des prestations de service des nouveaux services ; Laisser tomber les activités peu ou pas rentables ou encore des activités dites budgétivores ; Faire des réunions commerciales au moins une fois par semaine ; Faire des missions de prospection ou d'étude dans les villes ou les pays dans lesquels l'on veut s'installer.	Modifier la manière de travailler actuelle en étant plus proche du client dans tout le sens du terme ; Motiver les commerciaux par diverses primes ; Négocier avec les apporteurs d'affaires en instaurant un climat de confiance et d'envie de revenir ; Négocier avec les clients partis en essayer de les reconquérir ; Utiliser l'Internet beaucoup plus dans le sens de la recherche des marchés et des partenaires ; Réorganiser les services en les octroyant de nouvelles missions et en veillant à leurs mises en œuvre ; Revoir la matrice organisationnelle de l'entreprise.

Source : Nos propres soins

Les stratégies de l'organisation

Il est important pour un stratège de connaitre les stratégies mises sur pied par l'organisation pour conquérir le marché. Cette

19

connaissance lui permet de donner une meilleure orientation à la stratégie de communication qu'il mettra sur pied. Car une fois qu'une entreprise a commencé à opérer sur la base d'un horizon plus lointain, il devient possible de développer une orientation mondiale. Elle peut investir dans les services nouveaux, redéployer ses ressources et désinvestir des domaines d'activités qui ne sont plus rentables. À travers ses activités, l'entreprise peut commencer à dégager des stratégies mondiales. À cet effet, le communicateur doit pouvoir accompagner l'organisation à travers les stratégies qu'il mettra sur pied.

Stratégie de maintenance de marché

Elles servent à développer et maintenir la position concurrentielle de l'entreprise sur le marché. Il est essentiel de viser, dans sa stratégie de maintenance, à augmenter sa part de marché, élargir ses segments, et créer une demande supplémentaire par :

- Augmentation de la pénétration du marché à travers une présence accrue chez le client ;
- Investissement élevé dans les dépenses en marketing promotionnel ;
- Fixation des prix à des niveaux compétitifs visant à la pénétration du marché ;
- Élargir la couverture du marché ;
- Étendre la gamme de service.

Stratégie de développement de nouveaux services

Elle permet de :

- Augmenter la position globale de l'entreprise ;

- Déstabiliser les concurrents par l'innovation ;
- Augmenter le potentiel de profit par les prix élevés sur les nouveaux marchés.

Stratégie d'entrée sur de nouveaux marchés

On peut s'introduire sur de nouveaux marchés de plusieurs façons :

- La vente des services standards à des prix similaires par les mêmes types de canaux, avec une approche commune pour la communication et le marketing ;

- S'adapter : satisfaire les besoins du client tel que le fait la concurrence ;

- Réorienter ses services dans des marchés différents ;

- Diversifier : selon 3 méthodes : exploiter le système des valeurs de marché dans lequel opère l'entreprise, élargir les opportunités dans le système de valeurs de son marché, créer une forme de synergie.

À chacune des stratégies adoptées par l'organisation, le communicateur doit pouvoir suivre avec les communications adaptées à la situation.

La politique économique et sociale de l'organisation

Dominique Wolton (1998) pense que la communication et la politique ont mauvaise presse. Ceci n'augure rien de bon quant à leur mariage dans le devenir de l'entreprise ou de l'organisation. Voilà la réalité d'où il faut partir, accentuée par la terrible ambiguïté qui entoure ces deux mots. En effet, si la communication est une valeur, une des plus belles de l'expérience humaine, puisqu'elle est liée à la question de l'autre, de la connaissance de l'autre, elle est aussi devenue une industrie, une institution, un commerce et une idéologie. On retrouve la même ambiguïté en ce qui concerne la politique qui est à la fois l'une des aspirations les plus puissantes de l'homme et le symbole de toutes les ambitions, d'idéologies et de toutes les compromissions.

Rapprocher deux mots aussi ambigus ne simplifie pas leur valorisation d'autant qu'en un demi-siècle, il semble que les aspects les plus discutables de ces deux activités aient pris le dessus avec le règne de la politique spectacle, la tyrannie de l'instant, le marketing politique. La primauté aux sentiments contre les raisonnements.

Les organisations du 21e siècle n'évoluent pas en vase clos. Elles prennent en compte les évolutions de leur environnement restreint ou large.

L'avènement des technologies du numérique inaugure une nouvelle ère dans le devenir des entreprises et des organisations. L'Acte unique européen a pour objectif de briser le barrage créé par l'amoncellement de législations amassées pendant près d'une décennie des rivalités et de mesure réciproquement néfaste engagée par les gouvernements querelleurs et concurrents. Cet Acte est destiné à démanteler les obstacles qui jusqu'à présent ont empêché la Communauté européenne de réaliser son potentiel pour devenir le plus grand marché unique du monde. Elle annonce une nouvelle ère d'opportunités. Ces opportunités se présentent comme étant des défis. Pour les entreprises, ce défi se présenterait sous forme de lutte pour la vie. Pour beaucoup d'entreprises, cela impliquera non seulement l'apparition de nouveaux concurrents, mais aussi des changements dans le profil de leurs clients et de leurs fournisseurs.

Cet ouvrage invite les dirigeants à examiner la position concurrentielle de leur entreprise et propose une série de choix stratégiques et opérationnels. Conscient du fait que chaque entreprise aura une série de problèmes et de priorités différentes, il ne prescrit aucune formule autre que celle d'insister sur la nécessité d'identifier des critères pour situer, mesurer et établir leur compétitivité.

Les outils de communication de l'organisation

La connaissance des outils de communication d'une entreprise doit être le point de départ de toutes stratégies de communication. En effet, la communication d'une organisation ne se fait pas ex nihilo. Elle se fait sur la base des données existantes déjà dans l'organisation. La communication d'une organisation ne se fait pas en rupture, mais en continuité, à partir des données collectées et archivées par les prédécesseurs.

Dans le tableau ci-après, nous relevons, sans exhaustivité, les outils de communication nécessaire au nouveau communiquant.

Tableau 4 : Les outils de communication observables

	Intitulés des parties	
	Aménagement général	
	Bureaux	
	Poste de travail	
	Salle d'attente	
	Salle de réception et d'accueil	

	Guérite	
	Présentation extérieure du bâtiment	
	Salle de réunion	
	Signalétique et des tracés au sol	
	Décoration interne du bâtiment	
	Décoration externe du bâtiment	
	Assiduité au poste de travail	
	Affiche murale	
	Boîte à suggestion	
	Débarras et systèmes de magasinage	
	Archivage et système d'archivage	
	Circulation des hommes et des biens dans l'entreprise	
	Attitude générale du personnel	
	Port vestimentaire des employés	
	Gestuelle des employés	
	Circulation des informations dans l'entreprise	
	Climat social de l'entreprise	
	Organisation des événements de l'entreprise	
	Observations et remarques générales	
	Usage du téléphone dans l'entreprise	
	Relations publiques	
	Organisation des événements	
	Matériel de communication de l'entreprise	
	Parc de communication de l'entreprise	
	Système d'accueil de l'entreprise	
	Existence des outils psychologiques	
	Culture d'entreprise	
	Environnement social	
	Groupes sociaux	
	Climat social interne	
	Environnement social interne	

Tableau 5 : Les outils de communication *print* et digitaux

	Intitulés des parties	
	Plan de communication interne	
	Fiche de poste	
	Poste de travail	
	Plan de communication existant	
	Stratégie de communication existante	
	Brochures de présentation	
	Dépliant	
	Tableau d'affichage	
	Chemise publicitaire	
	Rapport annuel	
	PowerPoint	
	Affiches	
	Outils virtuels	
	Site web	
	Messagerie	
	Règlement intérieur	
	Convention collective	
	Fiche de procédure	
	Pagne	
	Carte de visite	
	Gadgets	
	Communication digitale	
	Matériel de communication de l'entreprise	
	Parc de communication de l'entreprise	
	Magazine d'entreprise	
	Réunions de travail	
	Charte graphique	
	Veille communicationnelle	
	Press book	
	Album photos de l'entreprise	
	Outils psychologiques	
	Culture d'entreprise	
	Environnement social	
	Communication externe	
	Hommes de média	
	Élites et forces vives	
	Personnalités	
	Groupes sociaux	
	Climat social externe	
	Environnement social externe	
	Projets structurants	

	Jeunes en âge scolaire	
	Avis des étudiants	
	Journaux locaux, nationaux et internationaux	

Source : Nous-mêmes

Les événements et manifestations de l'organisation

Tableau 6 : Manifestations internes

N°	Désignation	Quantité	Période
1	Nouvel An	01	1er janvier
2	Fête de la Noël	01	25 décembre
3	Fête du Travail	01	1er mai
4	Remise des médailles	01	
5	Départ en retraite	01	
6	Nomination	01	
7	Anniversaire de l'entreprise	01	Date de création
8	Fête de la femme	01	8 mars
9	Fête de Pâques	01	Mois d'avril
10	Portes ouvertes	04	Chaque 3 mois
11	Réception personnalités	Forfait	Calendrier DG
12	Formation et recyclages du personnel	Forfait	Selon besoin
13	Sensibilisation du personnel	52	Chaque semaine
14	Organisation des sorties en interne	Forfait	Selon besoin
15	Réunion du personnel	52	Chaque semaine
16	Remise Diplômes d'excellence	01	Calendrier DG
17	Élection du meilleur employé du mois	01	Calendrier DG
18	Activités récréatives interservices	Forfait	Selon calendrier
19	Tenue de réunion d'évaluation	12	Mensuelle
20	Vulgarisation des valeurs	365	Quotidien
21	Organisation des activités interservices (sport, loisirs, balades…)	Forfait	Selon calendrier
22	Primes diverses au personnel	Forfait	Calendrier DG
23	Élaboration du flash info	365	Quotidien
24	Acquisition, dotation de nouveaux équipements		
25	Primes diverses au personnel	Forfait	Calendrier DG
26	Élaboration du flash info interne	365	Quotidien
27	Organisation des activités interservices	Forfait	Selon calendrier
28	Tenue de réunion d'évaluation	12	Mensuelle
29	Vulgarisation des valeurs	365	Quotidien
30	**Autres**	/	/

Source : Nos propres soins

Tableau 6 : Matériel de l'organisation

01	Achat appareils de sonorisation complets		
02	Achat orchestre complet		
03	Achat appareil de sport de salle		
04	Aménagement d'une salle sportive		
05	Aménagement d'une salle de décompression		
06	Aménagement d'une salle de restauration		
07	Aménagement d'un espace infirmerie		
08	**Autres**		

Source : Nos propres soins

Conclusion

Deux composantes fondamentales permettent de maitriser une organisation. La composante interne qui permet de comprendre et maitriser le circuit de l'information, les interactions et les relations entre les employés, les outils et les dispositifs nécessaires à la bonne marche de l'organisation. La composante externe permet de comprendre l'environnement externe dans lequel évolue l'organisation. L'organisation ne peut plus évoluer en vase clos comme si elle était seule à exister. Les études sont aujourd'hui nécessaires à la bonne compréhension de celui-ci. Pour bien impacter son environnement à travers sa communication, le stratège doit prendre en compte les attentes, les aspirations, les désirs, les peurs, les joies, les états du moi du consommateur. Élaborer une bonne stratégie de communication revient à connaitre le milieu dans lequel évolue le produit et l'entreprise. Avec l'avènement des outils du digital, les échanges sont devenus permanents entre l'organisation et son environnement immédiat. Aucune stratégie (ou plan) de communication ne peut être féconde sans une connaissance préalable de l'organisation et son environnement.

CHAPITRE II : LES TECHNIQUES ET PROCÉDÉS DE LA COMMUNICATION

La communication est un art. Cet art s'apprend et s'enseigne dans les écoles de commerces et dans les facultés. Le communicateur est un rhéteur professionnel, un spécialiste de l'art oratoire. C'est pourquoi en stratégie, il y a toujours cette tendance à définir la communication comme l'art de bien parler. Communiquer, c'est savoir ce que parler veut dire ; c'est maitriser tous les aspects du convaincre, même quand on n'a pas raison. Savoir manipuler les foules et la masse à travers la communication, maitriser les techniques, les outils et les procédés de la communication demande au stratège un apprentissage assidu. La communication, qu'elle soit interpersonnelle ou de masse utilise à la fois les artéfacts que sont le corps, le geste, l'image, l'écriture et les mentefacts qui relèvent de l'exercice oral et de la manipulation de la pensée.

Pour manipuler l'autre ou encore pour convaincre l'autre d'adhérer à une idée, d'acheter un produit ou un service, de changer d'attitude, de racheter un produit ou un service, de le fidéliser, le stratège en communication doit maitriser non seulement les différents genres de communication, mais aussi les dispositifs y afférents. Ce chapitre nous permet d'entrer de plain-pied dans l'art de convaincre les autres et avoir une belle image auprès de ceux-ci.

Les différents genres de communication

La communication informative

Elle sert à décrire le plus objectivement possible un fait, un événement, une opinion dont on a été le témoin. Elle s'appuie essentiellement sur des descriptions objectives qui ont pour idéal d'être un modèle le plus fidèle possible du réel. Cette pratique est en effet très exigeante, car elle nécessite à la fois un grand oubli de soi, de sa subjectivité, de ses préférences, de ses émotions, une capacité à s'extraire de soi-même, et en même temps un grand travail personnel de construction et d'élaboration. Comme le remarque François Laplantine (2000), « la description entre en conflit permanent avec la narration » (p. 32).

Faire une description informative, en effet, n'est pas proposer un simple reflet perceptif du réel, qui ne se donne jamais fidèlement à l'observateur. Décrire nécessite une élaboration sophistiquée qui mobilise des qualités individuelles comme l'esprit d'organisation et de synthèse, le sens de l'objectivité et de la concision, la compétence à produire des modèles du réel.

La communication argumentative

Elle a pour objectif de convaincre un auditoire de partager l'opinion d'un orateur. Elle mobilise des qualités et des compétences très particulières. Le sens du contact avec l'auditoire, l'ouverture d'esprit et le partage d'une bonne culture générale, le souci de la présence à autrui, constituent les qualités essentielles nécessaires à sa mise en œuvre.

La communication expressive

Elle permet d'extérioriser une sensibilité personnelle, un sentiment, une manière singulière de voir le monde, souvent chargé d'émotion. Elle renvoie plus généralement à la poésie, à la littérature, au récit, à l'art dramatique voire à la peinture ou à l'image. Ce mode de communication s'appuie sur des figures fortes, souvent des métaphores.

Là où l'informatif fait appel à une certaine forme d'universalité, et l'argumentation à des opinions partagées socialement, l'expressif est le genre de communication le plus propre à l'individu, à sa subjectivité, à ce qu'il y a de plus irréductiblement singulier en chacun de nous, en ce qu'il y a de plus authentique.

Tableau 7 : Récapitulatif des trois genres de la communication

Genre de communication	Expressive	Argumentative	Informative
Nature de la parole mise en forme	État ressenti, vision imaginative	Opinion	Fait, événement
Période de différenciation	Antiquité tardive	VIe-Ve siècles grecs	De Thucydide à la théorie de l'info
Rapport au réel	Imaginé	Interprété	Perçu
Technique de mise en forme	Récit, création de fiction	Mise en argument	Modélisation du réel
Lexique	Débordant celui du récepteur	Surprenant le récepteur	Égal ou inférieur à celui du récepteur
Valeur	Authenticité, intériorité partagée, imagination	Honnêteté, empathie	Universalité, neutralité
Rapport à l'auditoire	Partage et compréhension	Adoption du point de vue de l'orateur	Auditoire universel
Nature de la description	Subjective	Orientée	Objective

Rapport à l'émotion	Émotion extériorisée	Émotion contrôlée	Émotion refoulée
Métiers	Publicitaire, chroniqueur	Chroniqueur, publicitaire, spécialiste de la communication	Reporter, spécialiste multimédia, documentaliste
Dérive	Mensonge, harcèlement	Manipulation	Désinformation
Matrice de…	La littérature, la peinture, le cinéma, les arts plastiques	La théologie, la politique	L'informatique, les sciences descriptives

Source : Adapté de *L'explosion de la communication*[2]

La rhétorique

Pour que l'information passe mieux et soit bien reçue parce que bien travaillée, le rédacteur-concepteur va organiser son message afin que celui-ci crée l'effet voulu et recherché auprès de la cible. C'est ainsi qu'il fera appel au processus de la rhétorique. La rhétorique se propose d'expliquer et d'enseigner l'art du discours, c'est-à-dire l'art de convaincre. La rhétorique est l'art de la « *parole feinte*[3] ». De ce point de vue, on peut dire des communicateurs qu'ils sont des rhéteurs polyvalents puisqu'ils utilisent, les méthodes et les techniques de la rhétorique dans l'élaboration des messages.

Cette démarche est propre à tous types de messages. L'organisation du message doit tenir compte du logos, de l'éthos et du pathos.

- **Le logos** permet de prouver la vérité de ce que l'on affirme. Cette preuve se retrouve dans l'argumentaire que le publiciste développe pour convaincre son auditoire.

---

[2] WOLTON Dominique, *L'explosion de la communication*, Paris, Dunod.
[3] DURAND Jacques, *Rhétorique et image publicitaire*, in revue communication, n° 15, 1970.

- **L'éthos** permet de faire appel à tous les termes, les mots qui permettent de donner confiance, qui permettent de séduire le récepteur. Le produit et son emballage sont des éléments qui permettent de produire un effet éthos.
- **Le pathos** permet de convaincre en faisant appel à la sensibilité du récepteur, il s'agit de savoir jouer avec ses émotions, ses désirs, ses passions.

La rhétorique met donc en jeu deux niveaux de langages : le langage propre et le langage figuré.

La rhétorique se propose d'expliquer et d'enseigner l'art du discours, c'est-à-dire l'art de convaincre. Selon Durand, la rhétorique est l'art de la « *parole feinte* »[4]. Il considère les communicants comme des rhéteurs polyvalents puisqu'ils utilisent sans le savoir, les méthodes et les techniques de la rhétorique dans les médias très divers. La rhétorique organise le discours en 5 parties[5]. Ce sont, dans l'ordre :

- **L'inventio ou l'invention** : il ne s'agit pas de l'invention prise au sens premier du terme. Il s'agit de la recherche des arguments. Cette recherche argumentaire correspond au terme invention parce que les symboles utilisés par la publicité, même quand elles sont communes, sont présentés et préparés de manière à attirer l'attention du consommateur, souvent même à retenir son attention ;
- **La dispositio ou disposition ou organisation** : c'est l'organisation des idées, des arguments, des preuves à fournir ;

---

[4]DURAND, Jean, « Rhétorique et image publicitaire », in *Revue de communication,* n° *15*, 1970.

[5] LENDREVIE, Jacques & al, *Le Publicitor*, Paris, Dunod, 2006, 7ᵉ édition.

Otto Kleppner présente comme suit cette disposition : the headline, amplification and details, proofs and reassurance, the closing: the final suggestion[6].

Plusieurs autres approches ont été proposées en ce qui concerne l'ordonnancement du discours publicitaire. Mouillot quant à lui présente le discours publicitaire comme suit : le positionnement, l'avantage concurrentiel et la promesse[7].

- **L'elocutio ou encore l'élocution :** c'est la science du maniement des figures de la rhétorique. Il s'agit de trouver la forme la plus efficace pour convaincre. C'est la phase de la création proprement dite. Le choix du texte, des images, des figures d'associations doit obéir aux attentes des consommateurs plus qu'à celui des annonceurs ;
- **La memoria ou la mémorisation :** ce sont les méthodes, les techniques, les trucs qui permettent à l'orateur de mémoriser ce qu'il a entendu. Le rôle de la publicité est d'inscrire dans le cœur des consommateurs les produits ou les marques qu'il présente. C'est ainsi que la publicité n'hésite pas à marteler, à faire de la propagande, à créer des bizarreries et à encenser certaines valeurs comme la beauté, la gaité, la jeunesse :

L'image, le son, les mots ont mille moyens de suggérer la virilité, la distinction, l'amour, la jeunesse, la famille, etc. Ces valeurs, la publicité ne les crée pas, elle les suppose admises, dira Nganbé Ruben[8].

---

[6] OTTO, Kleppner, *Advertising procedure*, New York, Prentice Hall, 1980, p. 43.

[7] MOUILLOT, Philippe, *Publicités*, Milan, Gualino, 2006, p. 65.

[8] NGANBE, Ruben, *Processus de mémorisation des messages publicitaires de la télévision*, thèse de doctorat 3e cycle en SIC, Université Paris 7, 1982, p. 23.

– **La pronuncioto ou la prononciation :** c'est l'art de prononcer le discours.

La logique d'un message publicitaire obéit à cette injonction de Cicéron qui propose de :

> Prouver la vérité de ce qu'on affirme (logos), se concilier la bienveillance des auditeurs (éthos), éveiller en eux toutes les émotions utiles à la cause (pathos).

Le message publicitaire s'appuie donc sur « la rhétorique qui met en jeu deux niveaux de langage : le langage propre et le langage figuré » selon Totschnig[9].

Barthes y voit plutôt un sens premier et un sens second. Le sens second est idéologique, car connoté. Il présente la langue comme « Un système contraignant pour les actes de parole[10] ».

La linguistique

Le discours, les mots vont prendre le dessus par rapport au modèle « télégraphique » et mécaniste de la communication-transmission. La signification du message devient une priorité.

Le modèle de Jakobson

Partant des travaux de Shannon, Jakobson détermine 6 éléments de base de la communication et donne une fonction précise à chacun d'entre eux.

---

[9] TOTSCHNIG, Michel, *Éléments pour une théorie pragmatique de la communication*, Doctorat conjoint en communication, université de Montréal et Concordia university, 2000, p. 2.

[10] BARTHES, Roland, *L'aventure sémiologique*, Paris, Seuil, 1985, p. 66.

Élément de la communication	Fonction associée
Un émetteur	Fonction émotive ou expressive qui passe par l'intonation, la présence de l'émetteur
Un destinataire	Fonction conative : le message émis par l'émetteur est destiné à produire un certain effet sur le récepteur
Un message	Fonction poétique, au sens propre, c'est-à-dire que le message vise à exprimer « qqch. », par les mots qui la constituent, mais aussi par sa forme
Un contexte	Fonction référentielle : du contexte va dépendre la signification du message. (Un même message peut prendre 2 significations différentes dans deux situations différentes)
Un code (la langue qui doit être commune à tous, apparition du sens du message)	La fonction métalinguistique : la langue, outre le message que l'on veut communiquer, sert aussi à vérifier que l'on se comprend bien (tu me suis, tu comprends ce que je veux dire)
Un contact (physique, psychologique entre deux personnes)	Fonction phatique, c'est-à-dire relative au contact. L'émetteur et le récepteur établissent et assurent la pérennité du contact par des paroles (acquiescement…), des regards, des hochements de tête.

Source : Adapté de Jacques Lendrevie & alii[11]

La sémiologie

Longtemps cantonné à l'étude de la langue, le champ de la sémiologie s'est élargi, à la fin du 19e siècle, pour devenir la science générale des signes. La sémiologie s'intéresse à la compréhension de la relation entre le signifiant (ce qui produit du sens) et le signifié (ce qui est perçu comme compris).

Le message iconique est de deux types : le message iconique non codé ou message littéral (ce qu'on perçoit, ce qu'on nomme), et le

---

[11] LENDREVIE, J et BROCHAND, B., *Publicitor*, 4e édition, Paris, Dalloz, 1993.

message iconique codé ou message symbolique (le sens qu'on donne à ce qu'on perçoit)

On appelle message dénoté, les éléments de ce message qui ont une signification constante, non subjective, dont le sens donné est constant quel que soit le récepteur.

Le maniement de la langue : les arguments et les figures de style

Voici une liste (non exhaustive) d'arguments utilisés dans la communication. Nous avons déjà eu l'occasion d'en aborder certains dans le précédent chapitre. D'autres sont nouveaux et plus spécifiques à la publicité.

Les arguments

La mise en forme de la parole

Que faisons-nous quand nous communiquons ? Il n'y a pas de communication s'il n'y a pas transport d'un message. Mais ce message, que porte-t-il ? Comment la parole est-elle mise en forme pour devenir communication, parole communiquée ?

Thomas Jakobson distingue 6 fonctions du langage dont chacune correspondrait à un paramètre de l'acte de communication linguistique : l'émetteur, le récepteur, le canal de transmission, le code, le message et le référent, c'est-à-dire la réalité non linguistique à laquelle renvoie le message. Dans ce modèle, la fonction émotive ou expressive décrirait tout ce que l'émetteur met de lui-même dans son message, à travers son message, et en plus de la signification référentielle de ce message. La fonction appellative ou conative viserait surtout le récepteur.

De son côté, Austin distingue par exemple entre les énoncés « constatatifs », susceptibles de vérité ou de fausseté, et les énoncés « performatifs », qui servent à effectuer, par le langage, une action :

« Je baptise ce vaisseau Liberté » ou « Je déclare cette session ouverte » *Le Langage,* Pascal Ludwig, 1997

Les techniques du convaincre : de l'argumentation a la manipulation

Vouloir convaincre est bien distinct du désir d'exprimer ou de l'intention d'informer. Convaincre suppose une opinion, que l'on va s'employer à défendre, à transporter vers un auditoire en vue de la lui faire partager. Convaincre n'exclue pas l'usage d'une certaine forme de violence, notamment psychologique. Dans ce cas, on parlera de manipulation. Pour le reste, on convainc en utilisant l'« art d'argumenter ». L'activité qui consiste à convaincre est partagée en deux lignes éthiques : d'un côté la violence et de l'autre la douceur, le respect, la symétrie des points de vue.

Les champs d'application de l'argumentation sont immenses, dans la vie privée ou dans la vie publique ou professionnelle. La plupart des grands débats de société y ont recours. Ces débats ont leurs lieux de prédilection : les discussions entre amis ou en famille, le café, les pages spécialisées qui leur sont dédiées dans les journaux, les petites et grandes émissions de télévision où l'on traite des sujets de société.

On définira ici l'argumentation, avec Chaim Perelman, comme « l'ensemble des techniques discursives permettant de provoquer ou d'accroître l'adhésion des esprits aux thèses que l'on présente à leurs assentiments ». De nombreuses situations de communication ont en effet pour but de proposer à une personne, un auditoire, un public qu'il adopte tel comportement ou qu'il partage telle opinion.

Argumenter est une première étape indispensable vers la négociation, situation à la fois originale et fréquente, où l'on doit conjuguer avec harmonie la force de l'argumentation, l'écoute de l'autre, la capacité de renoncer partiellement à ses intérêts pour atteindre un objectif commun.

Une argumentation se prépare. Il s'agit dans ce cas d'une anticipation d'une situation de communication à laquelle tous ceux qui sont amenés à prendre la parole sont confrontés. Déjà dans la rhétorique ancienne, on trouve des protocoles de préparation, qui distinguent entre plusieurs étapes, avec à chaque fois des questions qui doivent trouver une réponse : l'« invention » (quel auditoire, sur quels accords préalables s'appuyer ? Quel angle utiliser ? Quels arguments utilisés pour défendre ses positions ?). La « disposition » (quels plans ? Quel est le meilleur ordre pour les arguments ?), l'« élocution » (comment mettre en texte, en parole, ou en image, les différentes parties du discours ?), la « mémorisation » (comment mobiliser sa mémoire ? Quels supports utilisés ?) et, enfin, l'« action » (comment anticiper la situation concrète dans laquelle l'argumentation prendra place ?).

On remarquera que, chronologiquement, la première tâche de celui qui se place en posture de convaincre consiste à s'interroger sur l'auditoire, avant même de concevoir, d'« inventer » un argument.

La mise en œuvre des arguments

Les arguments sont regroupés au sein de quatre grandes familles : les arguments qui s'appuient sur une autorité, ceux qui font appel à des présupposés communs, les arguments de communauté, ceux qui consistent à présenter, à « cadrer » le réel d'une certaine façon et enfin ceux qui convoquent une certaine analogie (autorité, communauté, cadrage, analogie).

Les arguments d'autorités recouvrent tous les procédés qui consistent à mobiliser une autorité, positive ou négative, acceptée par l'auditoire et qui défendent l'opinion que l'on propose ou que l'on critique.

Les arguments de communauté font appel à des croyances ou à des valeurs partagées par l'auditoire, qui contiennent déjà, en quelque sorte, l'opinion qui est l'objet de l'entreprise de conviction.

Les arguments de cadrage consistent à présenter le réel d'un certain point de vue, en amplifiant par exemple certains aspects et en minorant d'autres, afin de faire ressortir la légitimité d'une opinion.

Les arguments d'analogie mettent en œuvre des figures classiques (la métaphore) en les dotant d'une portée argumentative.

L'argument par l'exemple fait appel à un simple exemple ou à une anecdote.

L'argument par l'analogie ou la comparaison fait appel à la ressemblance entre le thème et l'élément choisi dans la comparaison pour en induire les mêmes conséquences.

Soulignons aussi que l'argument d'autorité fait appel à un expert, à une personne dont la compétence est reconnue, à une citation, à des statistiques.

L'argument ad populum affirme qu'une chose peut être bonne puisque tout le monde le fait.

L'argument par les valeurs se réfère à une valeur censée être partagée par la cible.

Les figures de style

Les figures de style sont des notions que vous avez dû aborder dans vos années d'études. Si elles s'appliquent aux textes, elles peuvent aussi s'appliquer à l'image et donc être exploitées par la publicité.

Voici un rappel de différentes figures de style que vous connaissez et leur application en image.

- *L'accumulation* : association ou juxtaposition d'objets différents ayant la même nature et la même fonction.
- *La répétition :* association ou la juxtaposition d'objets identiques.
- *Le détournement :* détourner une image connue de tout le monde en y insérant le produit. L'objectif est de provoquer un effet de surprise, surprendre le lecteur et attirer l'attention.
- *L'antithèse* : Rapprochement de deux réalités opposées pour faire surgir leur différence. Elle crée donc souvent un paradoxe, car l'ensemble surprend : les réalités sont en contradiction avec ce qui est habituellement admis.
- *La comparaison* : Rapprochement de deux termes pour en faire surgir les ressemblances. Elle permet de mettre en relief l'analogie, la ressemblance, le rapport supériorité/d'infériorité/d'équivalence.
- *L'hyperbole* : Exagérer, amplifier une réalité, sublimer le produit, le célébrer, vanter ses charmes incomparables
- *La litote :* Négation de l'idée contraire à ce qui doit être exprimé, dire peu pour suggérer plus, provoquer la surprise, demander un effort pour rétablir le sens et ce qui manque, sublimer le produit, de le célébrer, de vanter ses charmes incomparables.
- *La métaphore* : Consiste à donner à un mot la valeur d'un autre présentant avec le premier une analogie, jouer sur le double sens de l'image et/ou du texte. On invite ainsi le lecteur d'annonces à rétablir le sens premier du message, à jouer sur les images et sur les mots.

La manipulation en publicité

« La pub ? Aucun effet sur moi ! » Voilà ce que nous répondons tous lorsque l'on nous interroge sur l'influence de la publicité. Grâce au recul et à la capacité de jugement propres à l'être humain, nous nous estimons étanches à son pouvoir. En réalité, nous sommes de véritables éponges à logos, slogans ou affiches !

Les chercheurs appellent cela « l'influence sans conscience ». La publicité est d'ailleurs d'autant plus efficace qu'elle passe inaperçue. Une expérience menée en 2008 par l'équipe de Didier Courbet, professeur à l'Institut de recherche en sciences de l'information et de la communication (Irsic) de l'université d'Aix-Marseille, l'a montré. Des sujets étaient appelés à lire un texte pendant quinze minutes sur un site Internet. Dans le même temps, douze bannières publicitaires de douze marques imaginaires défilaient dans un coin de l'écran situé dans le champ visuel des sujets. Mais aucun ne pouvait les voir consciemment, car un système de suivi des mouvements oculaires les faisait disparaître avant même que les yeux aient eu le temps de se poser dessus. Pourtant, huit jours plus tard, tous les participants portaient un jugement positif sur ces marques. Les chercheurs ont alors déterminé qu'il suffisait de faire apparaître quinze fois une marque sur l'écran pour obtenir cet effet !

Cette exposition s'inscrit dans ce que les psychologues appellent la mémoire implicite, c'est-à-dire des traces de l'expérience passée gardées en mémoire sans que l'on en ait conscience, mais qui vont servir à nos comportements futurs.

À chaque fois que l'on est confronté à un même logo, on le mémorise encore. *« Cette exposition active des réseaux neuronaux de la vision périphérique. On acquiert alors une connaissance grossière du logo : sa forme approximative, sa couleur… dont on garde la trace en mémoire implicite »*, explique Didier Courbet.

Et avec l'expérience, l'habitude, le cerveau le traite de plus en plus vite. Il le reconnaît, le lit, l'analyse rapidement. C'est ce que l'on appelle la fluidité cognitive. Et c'est à ce moment que le cerveau va faire une erreur d'interprétation. Traiter plus rapidement une information, comme un logo, le conduit à lui attribuer une valeur positive, car le fait de s'habituer à une information la rend plus familière, voire plus agréable.

L'image subliminale est une image qui est indécelable à l'œil nu, mais que le cerveau enregistre malgré tout.

En effet, le cerveau imprime 24 images à la seconde afin de se construire une perception visuelle de notre environnement. En insérant une image parasite parmi les 24 qui défilent par seconde au cinéma (25 à la télévision), l'œil voit et le cerveau en est informé, mais ***en dessous*** du seuil de conscience, c'est-à-dire subliminal (du latin ***sub limen,*** sous la limite). La législation interdit ce type d'images dans la publicité. La publicité subliminale est une technique publicitaire qui consiste à insérer un message visuel et/ou sonore, qui ne peut être consciemment perçu par le spectateur, mais qui est censé frapper son subconscient.

La propagande désigne l'ensemble des actions menées dans le cadre d'une stratégie de communication par un pouvoir politique pour influencer la population dans sa perception des événements, des personnes ou des enjeux de façon à l'endoctriner.

Dans le cadre d'une propagande, l'utilisation d'images subliminales peut se révéler très intéressante, car elles agissent sur l'inconscient et « force » donc l'électeur à apprécier le candidat.

Le stéréotype : Idée toute faite réduisant les particularités. Il se base sur des a priori et des préjugés.

Trois critères permettent de les identifier :

- La fréquence : les codes sont souvent répétés

- Le figement : les codes ont peu de variété

- La stabilité dans la mémoire collective : les codes sont reconnus sans effort

Quelques stéréotypes :

- Les stéréotypes sexistes :
- Sur l'homme : macho, pas de psychologie ou de sensibilité
- Sur la femme : ne sait pas conduire
- Les stéréotypes raciaux :
- Sur les Grecs : homos
- Sur les Italiens : machos, beaux parleurs
- Sur les Arabes : voleurs (terroristes : nouveau !)
- Sur les Russes : alcooliques
- Sur les Américains : stupides et gros
- Sur les filles de l'Est : prostituées
- Les stéréotypes physiques :
- Sur les blondes : stupides
- Sur les roux : ils sentent mauvais
- Sur les gros : paresseux, joviaux
- Les stéréotypes professionnels :
- Sur les coiffeurs : homos
- Sur les fonctionnaires : paresseux

– Sur les artistes : drogués

Ces stéréotypes se retrouvent énormément dans la publicité (exemples).

Les codes de couleurs : entre technique et manipulation

Nous l'avons vu, les publicitaires utilisent de nombreuses stratégies afin de nous donner une image positive de leur produit et ainsi, nous pousser à l'acheter.

La couleur possède une valeur expressive et une symbolique acquise tout au long de son histoire, faite de choix esthétiques, politiques, économiques, etc.

Le code couleur, qui permet à une marque d'être identifiée d'un seul coup d'œil, met en jeu toute une réflexion sur l'effet psychologique et symbolique des couleurs : or et noir des cafés de luxe, eau bleue des toilettes, bleu « fraîcheur » des produits surgelés…

L'utilisation d'un code de couleurs : entre technique et manipulation

Nous l'avons vu, les publicitaires utilisent de nombreuses stratégies afin de nous donner une image positive de leur produit et ainsi, nous pousser à l'acheter.

La couleur possède une valeur expressive et une symbolique acquise tout au long de son histoire, faite de choix esthétiques, politiques, économiques, etc.

Le code couleur, qui permet à une marque d'être identifiée d'un seul coup d'œil, met en jeu toute une réflexion sur l'effet psychologique et symbolique des couleurs : or et noir des cafés de luxe, eau bleue des toilettes, bleu « fraîcheur » des produits surgelés...

Le Rouge

Les symboles

- Il est, d'une part, le symbole de l'amour, de la sensualité et de la passion.

- D'autre part, il s'identifie à la révolte et au sang, au diabolique. C'est la couleur la plus violente, la plus dynamique et avec le plus fort potentiel d'action. Elle exprime la joie de la conquête et de la révolution.

Son effet

Le rouge augmente la pression sanguine, la tension musculaire et le rythme respiratoire.

Les sortes de rouges :

- Le rouge *pourpre* est sévère, traditionnel et riche.

- Le rouge *bordeaux* est luxueux et élégant.

- Le rouge *cerise* prend une note sensuelle.

- Le rouge *moyen* incarne l'activité, la force, le mouvement et les désirs passionnels.

- Plus clair, il signifie force, fougue, énergie, joie et triomphe.

Les utilisations en publicité : du rouge oui, mais pour quels produits ?

- Pour les produits destinés à combattre le feu.

- Pour tous les produits à connotation virile — automobile, sport, cigarette, crème à raser — puisque le rouge dégage un attrait particulièrement masculin.

- Pour tous les produits de consommation achetés impulsivement comme le chocolat ou la gomme à mâcher.

- Pour tous les produits alimentaires. Le rouge est promesse de qualité, de valeur, et il est suffisamment neutre pour englober toutes les marchandises de l'entreprise.

- Pour tous les interdits et les avertissements.

Les propriétaires de *fastfood* utilisent à bon escient les propriétés du rouge lorsqu'ils peignent leur salle à manger. Ils incitent le consommateur à se presser, accélérant ainsi sensiblement la rotation en accroissant le dynamisme des consommateurs.

Pour les mêmes raisons, les ouvriers en devoir ont tendance à passer moins de temps dans des toilettes peintes en rouge que dans celles peintes en bleu.

L'orange

Il évoque la chaleur, le feu, le soleil, la lumière et l'automne… d'où ses effets psychologiques d'ardeur et de jeunesse. En grande quantité, l'orangé accélère les pulsations cardiaques tout en restant sans effet sur la pression sanguine. Frivole à l'excès, on ne le prend pas au sérieux. Il convient bien aux raviolis, aux mets préparés, aux conserves de viande et de produits à base de tomates.

Le Jaune

Histoire du jaune

Au départ, le jaune a une connotation négative : couleur de la trahison (jaune cocu, rire jaune…). Cette dépréciation du jaune dure jusqu'à la fin du 19ᵉ : les scientifiques affirment alors que le jaune est une des trois couleurs primaires. Les sportifs essaient aussi de lui redonner ses lettres de noblesse (maillot jaune).

Ses caractéristiques

Il est gai, vibrant et sympathique. C'est la couleur de la bonne humeur et de la joie de vivre. Il est tonique et lumineux, et donne, tout comme l'orange, l'impression de chaleur et de lumière. Le jaune accroche particulièrement le regard des consommateurs, surtout lorsqu'il est jumelé avec le noir.

Quels produits ?

Il convient bien psychologiquement aux produits associés au maïs, au citron et aux lotions de bronzage.

Le Vert

Les symboles

- La couleur verte est la couleur de la nature (écolos) ;
- Marque l'espoir (le pont de Blackfrier à Londres, jadis célèbre pour ses suicides lorsqu'il était peint en noir, a vu le nombre de désespérés l'utilisant diminuer d'un tiers lorsqu'on l'a repeint en vert) ;
- Symbole de santé, de fraicheur.

Son effet

Il invite au calme et au repos, il a la propriété d'abaisser la pression sanguine.

Quels produits ?

Souvent utilisé pour les légumes en boîte et les produits du tabac, en particulier ceux qui sont mentholés, comme les cigarettes.

Le Bleu

Histoire du bleu

Le bleu fut longtemps ignoré. En latin, il n'y a pas de mots pour désigner cette couleur. Le bleu est mis à l'ordre du jour avec le culte marial (culte de la Vierge Marie) et l'idée de la lumière (ciel bleu) et dans les blasons du Moyen Âge. Depuis, on l'a beaucoup utilisé sur les vitraux et maintenant, c'est la couleur préférée des Occidentaux.

Ses symboles

- Il évoque le ciel, l'eau, la mer, l'espace, l'air et les voyages. Il est associé à des idées de merveilleux, de liberté, de rêve et de jeunesse.

- C'est une couleur calme, reposante et transparente, qui inspire paix, détente et sagesse.

Son effet

À sa vue, la tension musculaire, le rythme respiratoire et la pression sanguine décroissent.

Quels produits ?

- Le bleu convient bien aux produits congelés pour donner une impression de glace.

- Les rafraîchissements : bière, boisson gazeuse, eau en bouteille, etc., surtout lorsqu'il est jumelé au blanc.

- Fait à noter, des survivances de nos modes alimentaires d'autrefois nous incitent à rejeter les boissons et les aliments bleus. Nos préférences nous attirent plutôt vers les couleurs des noix, des racines et des fruits mûrs : les blancs, les rouges, les bruns et les jaunes.

Le Violet

Il est un rouge refroidi au sens physique et psychique du mot. Il y a en lui quelque chose de maladif, d'éteint, de triste. Si on l'associe si souvent à l'idée de royauté et d'apparat religieux, c'est que le violet a pendant longtemps été préparé à partir d'une recette connue des seuls Phéniciens qui la fabriquaient à partir de glandes de mollusques pêchés dans des filets fins (donc rare et précieux).

Le violet est rarement utilisé en publicité si ce n'est pour conférer au produit une impression de royauté.

Le Noir

Ses symboles

- Il est associé à des idées de mort, de deuil, de tristesse, de terreur et de solitude.

- Il rappelle la nuit.

- D'un autre côté, le noir confère de la noblesse, de la distinction et de l'élégance (au XVe siècle, sous Charles Quint, les princes s'habillent en noir).

Quels produits ?

- Comme il s'en dégage un caractère sophistiqué, le noir convient bien aux produits de grande qualité comme les parfums et les vins ou pour stimuler des produits coûteux comme le chocolat, par exemple.

- Si le noir est employé si fréquemment en publicité, c'est qu'il est particulièrement utile pour provoquer des contrastes ; il met en valeur les couleurs qui prennent place à ses côtés.

Le Blanc

Le blanc symbolise la pureté, la perfection, le chic, l'innocence, la chasteté, la jeunesse, le calme et la paix. Il symbolise aussi la propreté, surtout quand il est à proximité du bleu. C'est le compagnon idéal de toutes les couleurs puisqu'il a pour effet d'en rehausser le ton.

Le Rose

Il est timide et romantique. Il suggère la douceur, la féminité, l'affection et l'intimité.

Le Brun

Sa symbolique

- Il est associé à la terre, au bois, à la chaleur et au confort.

- Il incarne la vie saine et le travail quotidien.

- Il exprime le désir de la possession, la recherche d'un bien-être matériel.

Quels produits ?

Le brun est principalement masculin, il sert donc à vendre les produits destinés aux hommes

Les supports de communication

Présentation des canaux de communication digitale

1. **Le site web** : le site web est la vitrine de l'entreprise. Il permet aux internautes de découvrir les offres, de les comparer avec celles de la concurrence, d'acheter des produits (si vous avez une plateforme e-commerce) et de demander des informations ou des devis.

2. **Le blog** : le blog complète le site web en offrant un espace pour des contenus plus spécifiques. Il permet de diversifier vos supports web et d'atteindre votre cible de manière différente.

3. **Les réseaux sociaux** : ils sont essentiels pour la communication digitale. Ils vous permettent d'interagir avec votre audience, de partager des actualités, des promotions et de créer une communauté autour de votre marque[2].

4. **Les newsletters ou Emailings** : ce sont des moyens efficaces de communiquer avec vos clients. Elles peuvent contenir des informations sur les nouveautés, des offres spéciales, des conseils, etc.

5. **Les applications mobiles** : si votre entreprise propose des applications mobiles, elles sont un excellent moyen de rester en contact avec vos clients et divers publics. Elles peuvent offrir des fonctionnalités spécifiques, des notifications et des mises à jour.

6. **Les bannières publicitaires** : les publicités en ligne, telles que les bannières sur des sites web ou des applications, permettent de promouvoir vos produits ou services auprès d'un large public.

7. **La gestion Google ADSL, qui permet** :
   - L'analyse et la définition des principales clés de recherche pour définir la stratégie et l'organisation des campagnes publicitaires (objectifs, formats, canaux) ;
   - La création de landing page ;
   - La création et le développement de nouvelles pages du site pour les utilisateurs qui cliquent sur les annonces ;
   - L'optimisation des pages pour être performantes en termes de facilité de lecture et de conversion en fonction des objectifs convenus ;
   - L'installation des codes de suivi et de suivi des conversions ;
   - La recherche et la sélection de mots clés en fonction de l'argumentation traitée et des recherches des utilisateurs ;
   - La copie des annonces textuelles en fonction des directives de Google et des clés de recherche sélectionnées ;

- Pour les réseaux Display ou Discovery, la création de bannières graphiques.

8. **Les campagnes Facebook ADLS :** par l'étude, le développement et la gestion de campagnes sponsorisées sur des objectifs spécifiques, la coordination continue et constante par définition des objectifs communicatifs.

9. **La gestion Campagne Adv LinkedIn :** à travers le conseil social et la communication web, la stratégie de canal LinkedIn ; l'étude, le développement et la gestion de campagnes sponsorisées sur les objectifs définis.

10. **La création d'une application mobile :** les applications web sont devenues un outil essentiel pour la gestion des entreprises, car elles contribuent à l' :
   - Amélioration de l'efficacité et de la sécurité des opérations portuaires en fournissant des informations en temps réel sur les navires, les conteneurs et les marchandises ;
   - Amélioration de la communication entre les différents acteurs du port, tels que les autorités portuaires, les compagnies maritimes, les transitaires et les transporteurs terrestres ;
   - Amélioration de la planification et la coordination des opérations portuaires en fournissant des informations en temps réel sur les conditions météorologiques, les niveaux d'eau et les mouvements des navires ;
   - Amélioration de la sécurité des opérations portuaires en fournissant des informations en temps réel sur les risques, tels que les collisions, les incendies et les explosions.

11. **La couverture médiatique des événements**
   - Retransmission des événements organisés par l'entreprise sur des plateformes de streaming ;

- Promotion de ces événements pour atteindre efficacement le public cible ;
- Mise à disposition d'une équipe pour la couverture photo et vidéo des événements.

12. **Les annuaires des entreprises en ligne :** la présence de votre entreprise sur les annuaires en ligne peut aider à améliorer votre référencement et à augmenter votre visibilité en ligne. Cela peut également aider à renforcer la crédibilité de votre entreprise et à attirer de nouveaux clients. Cependant, il est important de choisir les annuaires qui sont les plus pertinents pour votre entreprise et de maintenir des informations précises et à jour sur chaque annuaire.

13. **Le web TV :** si le site internet de la marque a pour vocation première d'informer, le web TV, par son format vidéo, met l'accent sur les messages attractifs. Basés sur l'émotion ou l'humour, ils doivent inciter les consommateurs à partager les contenus, voir à les enrichir grâce aux UCG issus de leur expérience personnelle avec la marque. Le web TV a donc aussi pour objectif de donner plus de visibilité à la marque, en générant de l'audience, notamment auprès des plus jeunes qui se détournent de la télévision. Avec le web TV, la marque s'affiche clairement et c'est le consommateur qui choisit d'aller vers la marque (stratégie *pull*), le dialogue en est facilité, le fan ou l'abonné aura envie de partager son expérience. Les médias classiques permettent, à travers l'achat d'espace, une visibilité puissante, mais temporaire de la marque. Avec le web TV, l'annonceur peut prendre le temps d'expliquer, de montrer les nouveautés, le contenu est toujours disponible. Le consommateur y a accès quand il le

souhaite, ce qui est vécu comme moins intrusif et permet une bonne appropriation de sa part.

14. *L'advergaming* : les annonceurs sont sans cesse en quête de nouveaux supports pour toujours plus de proximité avec leur cible. Les *advergames* ou jeux vidéo publicitaires séduisent et sont utilisés comme de nouveaux supports de communication par les marques. Ils favorisent une nouvelle expérience et une nouvelle relation entre la marque et la cible. Leur utilisation recouvre plusieurs objectifs, mais la finalité reste bien mercantile. *L'advergaming* génère de nouvelles opportunités pour les annonceurs.

15. **La gamification vidéo** : par le processus de gamification produit — prix — place — promotion — people (cible/consommateur) — plaisir. Le phénomène de gamification ou ludification en français prend de plus en plus de place dans les stratégies de communication des entreprises. Cette action publicitaire vise avant tout à accroitre l'efficacité et la présence d'une marque sur le web. La gamification s'appuie sur les techniques du marketing renforcées par celles de la publicité et des nouvelles technologies. Nombre de secteurs sont aujourd'hui adeptes de ce nouvel eldorado d'espaces publicitaires.

16. *In-Game advertising* : où la publicité dans les jeux vidéo utilise la technique du placement de produit. Face au développement et à l'attractivité des jeux vidéo considérés comme des produits culturels, la publicité les assimile à de véritables espaces publicitaires. La mise en scène est inspirée de celle du cinéma ou de téléfilms. Les éditeurs de jeux ont recours à la publicité qui devient une source de financement, car le développement des jeux vidéo représente des coûts financiers élevés.

17. **Le *brand content*** : le *brand content* ou contenu de marque est devenu un élément incontournable de la stratégie des marques. L'avènement du numérique a décuplé les points de contact avec les consommateurs, incitant des marques à proposer du contenu attractif. Ce contenu multiforme est fait pour que les consommateurs aillent vers la marque afin d'y trouver de l'information, des solutions pratiques, de l'humour, du rêve. Les outils de brand content sont nombreux : chaine YouTube, courts-métrages, jeux et applications, etc.

18. **L'UCG (*User Generated Content*)** : les réseaux sociaux permettent aujourd'hui l'émergence d'un véritable marketing conversationnel, où l'échange avec les utilisateurs est valorisé. Si l'on reprend l'idée de brand content et la pyramide de fidélité d'Aaker, on comprend tout l'intérêt de l'UCG, c'est-à-dire générer du contenu grâce à la contribution des internautes. Quand la marque est mise en valeur par ses fans, l'impact est plus fort.

19. **La *native advertising*** : la *native advertising* ou publicité contextuelle envahit petit à petit les pages de contenus. Les faibles retours du display incitent les marques à trouver de nouveaux formats, plus contextualisés et ergonomiques. À l'image du brand content, la marque cherche plus d'espace pour s'exprimer, dans un cadre lié aux centres d'intérêt de l'internaute.

20. **Les applications mobiles** : réels outils de communication, les applications mobiles viennent de plus en plus compléter le dispositif des plans média. Elles peuvent être gratuites ou payantes selon les objectifs de communication ou marketings fixés. Elles favorisent l'interaction avec la cible. Elles valorisent le one to one et par là même complètent

certains dispositifs de CRM (*Customer Relationship Management* ou gestion de la relation client) en stockant et en enrichissant les données des clients.

21. Le mobile : un support intégrant technologie et créativité
  - Pouvoir géolocaliser les clients
  - Rendre la marque visible et accessible 24 heures sur 24
  - Assurer un suivi client quasiment en direct
  - Générer du trafic en magasin
  - Stimuler les achats d'impulsion

La publicité sur le mobile va servir essentiellement pour une promotion, rediriger vers un site, une application, afin de générer du trafic et du chiffre d'affaires. Elle doit en tous les cas faire vivre ou partager une expérience.

Malgré la progression de la publicité mobile, les annonceurs sont encore un peu frileux. Nombre d'internautes, même s'ils utilisent leur mobile pour faire des recherches, trouvent que la publicité n'y est pas toujours adaptée, qu'elle gêne la navigation et donc l'accès au contenu. Le mobinaute veut accéder rapidement à ses informations lorsqu'il est en mobilité.

La généralisation de l'utilisation des smartphones et des tablettes pousse les marques à intégrer les applications mobiles dans leur dispositif de communication. L'application permet à l'annonceur de faciliter l'accès à ses informations à sa cible. Informations pouvant avoir diverses facettes : jouer avec la marque, mieux connaitre les offres ou situer les points de vente.

L'ensemble concourt à travailler l'image et à générer du trafic en direction de la marque. La décision de création d'une application s'accompagne d'un cahier des charges précis afin de déterminer sa vocation : information, jeux, localisation, promotions, etc.

Compagnon du quotidien et assistant personnel, le smartphone permet d'accéder en illimité aux informations (payantes ou gratuites) et d'être en contact permanent et en temps réel avec une marque. L'application doit avoir une réelle utilité et non être créée pour n'obtenir que de la visibilité. Elle dispose d'un vrai potentiel d'interaction, il est stratégique de la concevoir dans un but d'exploitation maximale. Il faut la faire connaitre avec son contenu sur l'ensemble du dispositif opérationnel.

Réels outils de communication, les applications mobiles viennent de plus en plus compléter le dispositif des plans média.

Elles peuvent être gratuites ou payantes selon les objectifs de communication ou marketing fixés. Elles favorisent l'interaction avec la cible. Elles valorisent le one to one et par là même complètent certains dispositifs de *Customer Relationship Management* (CRM) ou gestion de la relation client en stockant et en enrichissant les données clients.

Présentation des canaux de communication média

L'affichage

Média à forte capacité d'intégration du numérique, aux innovations technologiques et créatives.

Média le plus ancien, l'affichage est en train d'intégrer le digital de manière spectaculaire et rattrape ainsi son retard face à d'autres médias.

L'espace public, *outdoor* (espace urbain extérieur) ou *indoor* (en intérieur : centres commerciaux, gares, aéroports, métro), devient un lieu attractif de contact direct avec les consommateurs. Ces zones, à forte fréquentation, deviennent des espaces où les marques se mettent en scène de façon ludique, interactive et créative. Grâce à sa mutation, il est qualifié de *rich media*

Les différents types d'affichages

Les tout premiers panneaux au Cameroun étaient les 3 m x 2 ; puis les 4 m x 3 encore appelés *universalis*, les 6 m x 3 ou panoramiques puis les présences plus.

À partir des années 80, l'affichage sur les panneaux a vraiment changé au Cameroun. Nous avons relevé trois types de panneaux qui sont utilisés depuis près d'une vingtaine d'années au Cameroun ce à partir de 1991 :

- **Le chevalet** : porte affichable repliable de 80 x 60 cm en bois ou en aluminium. On le retrouve devant les points de vente, dans les foires ou les événements. À partir des années 2000, le chevalet va disparaitre progressivement au profit du roll up plus malléable et transportable.

- **Le panneau mono pied** en aluminium ou en acier. On le retrouve un peu partout dans les villes et sur les axes routiers, il est utilisé pour tout type de communication.

- **Le panneau en H** en aluminium ou en acier. On le retrouve également un peu partout dans les villes et même sur les axes routiers. Sa taille varie.

Les panneaux en H et les panneaux mono pied sont de plusieurs formats :

- **Les giga** 18 m/4,5 ;

	Hauteur	Largeur
Espace affichable	18 m	4,5 m
Piètement	3 m hors du sol	180 m

    – **Les panoramiques** ou les 6 m/3 m ;

	Hauteur	Largeur
Espace affichable	3 m	6 m
Piètement	3 m hors du sol	180 m

    – **Les universalis** ou les 4 m/3 ;

	Hauteur	Largeur
Espace affichable	3 m	4 m
Piètement	3 m du sol	180 m
Envergure	12 m2	12 m2

    – **Les présences plus** ;

	Hauteur	Largeur
Espace affichable	160 cm	120 cm
Piètement	2 m du sol	120 cm de diamètre
Envergure totale	360 m	3 m

Nous avons relevé trois autres types de panneaux utilisés depuis près de quinze ans, donc à partir de 1996 :

– **Le totem :** lumineux ou non lumineux, est fabriqué en aluminium ou en acier. Les formats les plus courants sont 60 x 150 ; 70 x 180 ; 80 x 220 ; 90 x 300 ; 110 x 400 ; 120*500 ; 120 x 600 ; 200 x 600. Il est conçu pour des applications extérieures ou intérieures (dans les grands magasins). Il existe avec des faces planes ou galbées pour un impact visuel de grand format inégalé. Il est généralement utilisé pour les événementiels.

– **Le trièdre** est utilisé pour tout type de communication.

– **Le planimètre :** son format peut être de 2 m2 ou de 4 m^2. Celui-ci est également utilisé dans les foires et événements.

Les panneaux les plus récents :

- **Les panneaux *foamex*** : c'est un panneau extérieur aux bâtiments d'une entreprise, il est incrusté dans le mur, on ne peut pas le rouler, il est fait de matériaux rigides. Il est fait par un sérigraphe et est plus indiqué pour signaler la présence d'une entreprise.

- **Les *wall scapes*** : c'est une sorte de couverture du mur, un peu pareil au panneau foamex, sauf qu'ici il est facilement démontable. Il est fait de bâche ou de *tyveck*, ce sont de grandes toiles épaisses et imperméables. Sa surface de 4200 m, qui pèse 2150 kg.

- **Les panneaux *airport display*** : Ce sont des messages publicitaires qui défilent dans les aéroports à fréquence régulière pour prévenir des arrivées ou départs. On les retrouve encore sur les terrains de football au bord du terrain.

- **Les panneaux *spectacular*** : Les *spectacular* sont des panneaux rétro-éclairés qu'utilisent les entreprises pour la communication dans les aéroports et dans les grands carrefours pour plus de visibilité dans la nuit.

- **Les *streets levels*** : C'est un type de publicité que l'on retrouve dans les rues, délimitant les accès dans les jardins publics et autour de certains ronds-points.

- **Les enseignes** : C'est un panneau à caractère informatif qui peut être lumineux ou non, publicitaire ou décoratif (voire les trois), généralement à destination du public, portant par exemple, un emblème (blason, logotype), une inscription (nom d'un magasin, d'une marque), un objet symbolique (ciseaux de coiffeur).

Une offre très diversifiée pour un média en pleine mutation. On note deux versions de presse : le journal papier et le journal web (version numérique).

S'il y a bien un média en profonde mutation, c'est celui de la presse écrite. Face à l'internet, de plus en plus de support est amené à se dématérialiser et bascule inévitablement vers le numérique. Ce changement opère légitimement des modifications dans les insertions publicitaires. Mais la lecture en version numérique dépend des titres. Les newsmagazines et la presse quotidienne nationale captent plus de e-lecteurs que la presse féminine ou people.

Pourquoi les utiliser ?

L'utilisation de la presse écrite pour les communications publicitaires et la variété des titres de presse en B to B ou B to C permettent un très bon ciblage. Médias intéressants, car ils favorisent de nouveaux contenus multimédias et une rapidité de mise en œuvre. La presse gratuite a changé la donne pour les annonceurs et les lecteurs. Les jeunes ne vont pas beaucoup vers la lecture sur le support papier. Accéder à l'information gratuitement modifie le mode et le temps de lecture, sans compter le système des alertes sur smartphones. La visibilité publicitaire s'en trouve donc démultipliée et intensifiée.

Contexte

La presse écrite reste encore un média puissant et de référence. La publicité en ligne appelée display est intégrée dans les offres régies des supports presse. Elle assure une audience ciblée, offrant des opérations sur mesure, des formats divers, animés, voire ludique. Même si la presse est en difficulté et que de nombreux titres traversent des périodes de turbulences, il n'en reste pas moins que l'offre est variée et que les *pure players* permettent de nouvelles perspectives.

Comment l'utiliser ?

- Étudier les offres de couplages print/web proposées par les supports presse en fonction du ciblage et de la localisation.

- Profiter de la souplesse des dispositifs pour proposer du display vidéo, facile à partager, capable d'amplifier fortement la viralité sur internet.

- Favoriser la répétition pour une meilleure visibilité

- Intégrer la saisonnalité de la marque et profiter des dossiers récurrents proposés par la presse écrite appelés « marronniers ».

- Adapter le planning des insertions en fonction de la périodicité des différents supports.

- Méthodologie et conseils.

- Il est essentiel de choisir le bon support parmi la diversité de l'offre afin de répondre aux objectifs fixés. Bien déterminer l'enjeu de la communication et de la cible en allant vers une presse professionnelle ou grand public voire les deux.

Le cinéma

Dans un plan média, la publicité au cinéma bénéficie de conditions optimales : une segmentation géographique, socioculturelle, par âge. Le cinéma est le média qui offre la meilleure mémorisation, le spectateur étant captif.

Le passage de la publicité au numérique ouvre de nouvelles perspectives pour la publicité d'avant séance, notamment en termes de ciblage.

Le passage de l'argentique au numérique à partir de 2009 a permis de baisser les coûts techniques (mise à disposition des bobines, stockage, recyclage) et de répondre plus rapidement aux annonceurs en réduisant le temps de mise en place des campagnes publicitaires.

La radiodiffusion

Un média varié, thématique, à fort ciblage et intégrant le web.

Média grand public, répétitif (nécessité de multiplier la fréquence des passages publicitaires) et au ciblage géographique précis (radios locales ou nationales avec parfois décrochages régionaux), la radio propose des stations thématiques (généralistes, musicales, information, culture…). Elle est mobile avec une écoute hors domicile (smartphone, voiture, boutique…). La radio mobilise rapidement les auditeurs (jeux, opérations promotionnelles…). La concurrence est rude et la radio se doit d'intégrer le web.

La télévision

La télévision à l'heure de la délinéarisation et des réseaux sociaux

Any time : La télévision se regarde à tout moment : la journée, la nuit, en live ou en replay any *where* : La télévision se regarde n'importe où : domicile ou hors domicile

Any device : La télévision se regarde sur n'importe quel support : tablette, ordinateur, smartphone, etc.

Médias de masse par excellence et présent dans la grande majorité des foyers. Média puissant, encore capable de réunir simultanément des millions de personnes. Il n'est plus aujourd'hui l'unique clé de voute d'un plan média. L'annonceur doit l'incorporer dans un dispositif plus global.

La télévision se décline sur plusieurs écrans, se visionne désormais en rattrapage et incite l'interactivité via la social TV qui prolonge et enrichit les programmes. Média de masse qui grâce à ses atouts connaît une forte progression. Média concentré avec quelques supports très importants

Présentation des canaux de communication hors médias

Le hors-média est constitué d'actions ponctuelles complémentaires de la publicité, et qui doit être en cohérence avec elles. La promotion pousse le produit vers le consommateur alors que la publicité tire le consommateur vers le produit. La promotion recherche un accroissement rapide et provisoire des ventes alors que la publicité s'inscrit dans la durée en renforçant la notoriété ou l'image de marque.

La promotion des ventes

La promotion des ventes a pour objectifs de stimuler l'efficacité de la force de vente et de susciter les achats des consommateurs au moyen d'opérations, limitées dans le temps, permettant soit de diminuer le prix du produit, soit de modifier la valeur globale ou l'offre en apportant un avantage substantiel. Les techniques de promotion destinées aux consommateurs peuvent être regroupées en quatre catégories :

Les ventes avec primes

Une prime est un avantage (objet ou service) remis gratuitement au consommateur à l'occasion d'un ou de plusieurs achats. Parmi les primes, on peut citer :

- Prime directe : offre d'un article supplémentaire gratuitement remis en même temps que les marchandises achetées ;

- Prime différée : offre d'un avantage supplémentaire dont la remise est différée par rapport à l'achat (par ex : en collectionnant des preuves d'achat, bouchons Malta Guinness) ;

- Prime échantillon : remise en prime d'un produit échantillon ;

- Prime contenant : technique qui consiste à transformer le conditionnement pour en faire un contenant réutilisable ;

- Prime produit en plus : offre d'une plus grande quantité de produit pour le même prix.

Les techniques de jeux

- Jeu, loterie : différentes formes de jeux avec promesse d'un gain pour lesquels le hasard détermine le ou les gagnants.

- Les concours : compétition faisant appel aux qualités d'observation, de sagacité et de créativité des participants permettant de gagner un cadeau. Un gagnant par magasin : tirage au sort sans obligation d'achat (réalisé par un producteur) permettant de faire gagner un des clients d'un point de vente.

Les réductions de prix

- Bon de réduction : coupon ou titre donnant droit à une réduction déterminée sur le prix normal du produit ;

- Offre spéciale : prix spécial consenti au public pendant une période déterminée ;

- 3 pour 2 : technique permettant de proposer trois produits pour le prix de deux, pour le prix de 3, etc. ;

- Vente groupée : ensemble de produits vendus en même temps. Ex : pâte dentifrice, brosse à dents, savon de toilette, gang de bains, vendu à 1 prix inférieur à la somme des prix. Remise du produit : rachat par le fabricant d'un vieux produit de la marque.

Les essais et échantillonnages

- Échantillon : petite quantité d'un produit diffusée gratuitement pour faire connaître une nouveauté ;

- Cadeau : remise d'un cadeau pour inciter le public à une action déterminée ;

Le partenariat

Le parrainage ou sponsoring

C'est une technique de communication par laquelle une entreprise ou une marque apporte son soutien à une personne ou une organisation afin de lui permettre de réaliser son projet (soutien d'un sportif, d'une équipe, d'une action humanitaire...) En contrepartie d'une prestation publicitaire clairement définie dont les modalités sont souvent détaillées dans un contrat. Le parrainage répond à une stratégie économique de valorisation commerciale de la marque ou des produits. Il doit être considéré comme un investissement publicitaire dont on attend des bénéfices commerciaux à court et moyen terme :

- *En termes de notoriété :* dans le cadre de l'événement, le nom de la marque doit ressortir d'une manière très visible.

- *En termes d'image : l'événement* doit susciter des associations valorisantes avec la marque. Les valeurs véhiculées par l'événement doivent être en phase avec celles que recherche à développer la marque.

- *En termes de comportement :* le capital sympathie acquis par la marque doit influencer favorablement le ou les publics cibles (consommateurs, distributeurs...)

Les relations publiques

La communication événementielle

Le mécénat

C'est une technique de communication par laquelle une entreprise apporte son soutien à une personne ou à une organisation sans qu'il soit prévu une contrepartie promotionnelle. La contribution de l'entreprise doit être considérée comme un don. Elle doit donc paraître désintéressée. C'est pourquoi toute référence à l'entreprise doit être discrète.

Le mécénat contribue à montrer la capacité de l'entreprise à dépasser des intérêts économiques directs. Son objectif est de démontrer qu'elle est capable de s'intégrer dans la vie sociale en tant qu'entité propre et d'acquérir ainsi une véritable citoyenneté. Pour y parvenir, elle choisit souvent d'aider la communauté par des activités nobles et valorisantes telles que la création artistique, les recherches médicales, la formation, la protection de l'environnement...

Avec le mécénat, l'entreprise recherche une valorisation sociale de son image institutionnelle.

Une opération de parrainage peut être exploitée par :

- La publicité et la mercatique directe : le parrainage de la marque est repris clairement afin de bénéficier d'associations valorisantes,

- La promotion. Plusieurs techniques de promotion peuvent reposer sur le thème du parrainage.

En revanche, pour le mécénat, il faut éviter l'exploitation publicitaire de l'entreprise, car sa participation va paraître intéressée.

La valorisation d'une opération de parrainage ou de mécénat se fait en utilisant les moyens suivants :

- *Les relations publiques :* la participation à l'événement peut être l'occasion de développer ses relations publiques.

- *Les relations presses :* il s'agit de faire connaître de manière informative les efforts déployés par l'entreprise.

- *La communication interne :* c'est l'exploitation dans le journal de l'entreprise, l'intranet, l'invitation de tout ou d'une partie du personnel à participer à un événement.

Les relations publiques

Les relations publiques constituent un mode de communication commerciale permettant de vendre l'image la plus favorable d'une entreprise et d'entretenir les meilleurs rapports avec ceux dont dépend son avenir, par l'intermédiaire d'actions spécifiques créées par l'entreprise auprès d'une cible précise.

Cette cible peut être interne (membres de l'entreprise) ou externe (un segment de clientèle, une administration, etc.). Les relations publiques internes peuvent s'exercer à travers les journaux d'entreprise, les réunions, les séminaires (pour l'ensemble de la force de vente par exemple).

Les relations publiques externes sont manifestes à travers, le rapport annuel d'activités, l'organisation de visites d'entreprises pour le public et pour les prospects, l'organisation des conférences de presse (pour présenter, le rapport d'activité, un produit nouveau, etc.).

Les relations publiques regroupent l'ensemble des actions de communication non publicitaires menées par l'entreprise en vue d'établir, d'entretenir ou de développer de bonnes relations avec ses différents publics.

Le rôle des relations publiques est de saisir toutes les occasions pour développer des relations privilégiées avec toutes les personnes présentant un intérêt afin de véhiculer une image positive.

Objectifs des relations publiques

    –   Développer des relations sympathiques avec ses clients

    –   Valoriser l'image de l'entreprise et de ses produits

    –   Améliorer la connaissance de l'entreprise et de ses produits

Les principales cibles des relations publiques sont :
– Les publics externes proches (clients, distributeurs, fournisseurs, actionnaires…)

– Les publics externes éloignés (associations de consommateurs, élu local…)

– Les publics internes (salariés)

Les moyens des relations publiques

Actions auprès des publics externes :

– Organisation d'événement (lancement d'un nouveau produit)

– Invitation à une manifestation sportive, culturelle… parrainée par l'entreprise (Roland Garros)

– Journées portes ouvertes, visites de l'entreprise…

- Stages étudiants, forums et salons destinés aux étudiants (police à réaction…)

- Journaux d'entreprises destinés aux clients

- Plaquettes

- Lobbying auprès des décideurs

Actions auprès des publics internes

- Séminaires destinés à une catégorie d'une entreprise

- Organisation d'événements (arbre de Noël)

Les relations presses

C'est une forme spécifique de relations publiques auprès d'une cible : les journalistes.

Objectifs des relations presses

- Informer régulièrement les journalistes des nouvelles concernant l'entreprise susceptibles d'intéresser les lecteurs

- Développer avec eux des relations de confiance et de sympathie

- Susciter des rédactionnels valorisant l'entreprise

Principales cibles des relations presses

Les journalistes : ce sont ceux des différents médias pouvant servir de relais auprès des cibles finales.

Les moyens des relations presses

Les documents à adresser aux journalistes sont :

- Le communiqué de presse : il comporte des informations uniques, précises et d'actualité. Sa rédaction doit être concise (une à deux personnes maximum) pour aller à l'essentiel et répondre aux questions suivantes : QQCOQP. Ces points pourront être ensuite développés dans le dossier de presse.

- Le dossier de presse : il est réalisé pour donner une information plus complète. Il comporte plusieurs documents (photos, chiffres clés…).

Les rendez-vous avec les journalistes sont la conférence de presse, le petit déjeuner de presse, le déjeuner de presse, le cocktail de presse et le voyage de presse.

Le marketing direct

Le marketing direct est un moyen opérationnel qui s'appuie sur l'utilisation d'un fichier informatisé et de supports de communication spécifiques pour prospecter une cible ou lui vendre directement un produit. Ces outils sont :

- Le mailing : c'est l'envoi par différents moyens d'informations à des destinataires identifiés dans le but de générer une communication avec l'entreprise. Le mailing peut revêtir plusieurs formes : mailing postal, le bus-mailing (publipostage groupé ; envoie de plusieurs cartes à la même cible), le mailing-fax (ou faxing), E-mailing (ou mailing électronique), le mailing vidéo ;

- Le téléphone ;

- L'annonce presse ;

- L'ISA (imprimé sans adresse). Il regroupe tous les supports de publicité : dépliants, petits catalogues, distribués directement dans les boîtes aux lettres ;

- La télévision : le télé-achat s'adresse exclusivement aux particuliers. Les téléspectateurs peuvent suivre des présentations de produits et commander ces produits par téléphone, minitel ou internet.

Le choix de structure dépend de la forme de la société, holding ou entreprise industrielle. D'une façon générale, la communication externe est rattachée à la direction générale pour assurer une communication globale qui s'impose à toutes les directions.

Il existe dans les entreprises deux positions opposées :

- Ou bien, la communication interne est rattachée à la direction du personnel

- Ou bien, on pense qu'elle ne doit pas dépendre des Ressources humaines.

La communication peut aider à changer la culture de l'entreprise.

En dehors de la publicité et de la promotion des produits, l'entreprise communique avec d'autres cibles que les clients : pouvoirs publics, les collectivités locales, l'opinion, les actionnaires, le marché financier, le marché du travail.

La communication événementielle

Elle consiste à créer et à organiser un événement pour qu'il serve de support à une campagne de communication concernant un organisme ou l'un de ses produits. L'événement peut être sportif, culturel, social, artistique ou humanitaire. Ex : participation à un comice agropastoral pour en agriculteur, une entreprise d'élevage.

Conclusion

Communiquer, c'est mettre en œuvre ou utiliser des techniques. Écrire est une technique, que nous devons apprendre, car elle nécessite la connaissance des lettres et de l'alphabet et de leur correspondance avec des sons du langage parlé. Argumenter ou informer en est une autre, qui exige la connaissance des procédés utilisés pour entraîner la conviction ou décrire le plus objectivement possible. Nous sommes là dans le vaste univers de l'artifice et de l'art, de ce que les premiers rhéteurs appelaient la « techné ».

Les formes de transmission du message sont les textes, la photographie, les illustrations (infographie par exemple), les animations et les vidéos.

CHAPITRE III : LES ÉTUDES DE MARCHE ET LES CHOIX STRATÉGIQUES DANS LES ORGANISATIONS

La plupart des stratèges, économistes et hommes politiques pensent que l'environnement économique offre aux entreprises des opportunités plus importantes, mais qui sont très concurrentes et turbulentes depuis 1992. Le climat de tension qu'ils ont entretenu pour encourager les entreprises à devenir plus compétitives et à s'orienter vers l'international est de peu d'utilité quand il s'agit de la froide réalité qu'est la prise de décisions opérationnelles. Ce chapitre a pour objectif d'aider les étudiants à mieux saisir leur environnement économique. Le but est de les aider à mieux saisir la complexité sur leurs marchés domestiques, régionaux et internationaux.

Il leur fournira certains outils nécessaires leur permettant de décider s'il convient d'utiliser les données du marché pour accroitre et dominer puis s'étendre au-delà vers les marchés mondiaux.

Il faudra donc que les entreprises réévaluent leurs capacités à l'intérieur de leurs marchés existants, aussi bien que leurs compétences à concourir au sein des marchés internationaux.

Il est urgent pour les entreprises de commencer à faire quelque chose pour préparer leur entrée dans la cour des grands. Toutefois, il serait vain de se bousculer et de prendre des décisions hâtives au détriment des actions clairement réfléchies. Procéder à toute une série de changement dans les plans stratégiques et les pratiques de travail serait sans fondement si ces changements ne visaient pas des buts précis à réaliser, en réponse à des changements que l'on peut déceler dans l'environnement économique.

Il faudrait donc que les entreprises réévaluent leurs capacités à l'intérieur de leurs marchés existants, aussi bien que leurs compétences à concourir au sein des marchés plus vastes. Les opportunités et les menaces ne sont pas seulement liées aux nouvelles possibilités et à la concurrence directe. Elles seront affectées par des changements dans la composition des clients, des fournisseurs et de la concurrence. Elles seront affectées par des changements dans les normes des produits, dans l'environnement financier, des transports, des contrôles aux frontières, elles seront également influencées par les déplacements de pouvoir politique des gouvernements.

Les obstacles à la libre circulation des biens par les barrières occultes au commerce (ex : les spécifications nationales différentes, les normes de santé et de sécurité, les contrôles de l'environnement, contrôles de qualité et différences de taux de TVA) ont découragé bon nombre d'entreprises de s'investir pleinement dans le développement d'une affaire à l'international.

La connaissance du marché

La nature du marché

Il est important de comparer les forces et les faiblesses relatives face au marché dans lequel on opère.

Au cours de la période de croissance rapide, l'on peut s'attendre à ce que le nombre de concurrents augmente.

L'analyse de la position concurrentielle

La possibilité de prospérer dépend en grande partie de ses avantages concurrentiels par rapport à ses concurrents. Les zones de performance sont déterminantes du succès à long terme d'une entreprise. S'agissant de la position sur le marché, l'entreprise doit l'occuper avec effectivité en alternant qualité de travail et meilleur prix, qualité d'accueil et livraison dans les délais. L'innovation implique que la création de nouveaux services est impérative.

La qualité de service

Réorganiser sa manière de travailler. Mettre sur pied un service d'accueil digne de ce nom, créer un service d'information et de communication pour le personnel et les usagers de l'entreprise, créer un service d'exploitation pour le suivi et la livraison à temps des dossiers et colis des clients ; ce même service devra superviser l'évolution des travaux sur le terrain et pouvoir intervenir en temps opportun, créer un comité de réflexion qui agira comme un conseil de discipline et fournira les grandes orientations de l'entreprise.

Les ressources physiques et financières

Les ressources financières doivent être disponibles. Il s'agira donc d'appliquer les préceptes du management financier qui stipule qu'il faille une caisse pour chaque type de dépense ; nous aurons donc :

- Une caisse d'épargne dont l'objectif à elle assigné sera de constituer pour l'entreprise une épargne nette, disponible en temps réel pour tous les types de dépense ;
- Une caisse opérationnelle pour des actions courantes ;
- Une caisse d'épargne pour les investissements futurs.

La rentabilité

Elle passe par l'élargissement des canaux de marchés et l'innovation.

La performance et développement des managers

Le manager doit mettre sur pied une politique qui vise à promouvoir le personnel méritant à des postes de réalisation et de suivi des projets et des missions. Cette structuration aura pour but de confier à des personnes averties les projets d'émancipation de l'entreprise, de leur conception jusqu'à leur réalisation.

Performance et attitude des employés

Les employés doivent développer en eux ce que nous appellerons une culture d'entreprise.

Responsabilité publique

Doit adhérer à des associations visant à favoriser le bien-être des populations au travers des actes citoyens comme des sponsorings, mécénat, donations diverses à des associations. La résultante ici sera la hausse de l'image de marque de l'entreprise auprès de son public cible et dans le cœur des générations futures.

Les effets de la concurrence sur les structures économiques

Ses aspects principaux seront :

- La disparition d'un certain nombre d'entreprises due à l'intensité de la concurrence ;
- Le déménagement des unités de production de certaines firmes, à la recherche des lieux de production situés dans des centres reconnus pour l'excellence des facteurs de productivité d'où la nécessité de trouver des centres à des coûts de revient plus faibles ;
- L'acquisition par des firmes prédatrices d'entreprises situées à l'intérieur des marchés communautaires pour établir ou renforcer leur dispositif de marketing et de production dans des marchés cibles ou pour acquérir une technologie jugée essentielle ;
- L'acquisition de plus petites entreprises qui peuvent se trouver en situation concurrentielles désavantageuse, mais qui sont néanmoins suffisamment attrayantes pour s'offrir avec succès à des entreprises de plus grandes tailles ;
- Les acquisitions par les entreprises à l'extérieur de la communauté comme moyen de se créer une présence à l'intérieur ;
- Les acquisitions de fusion pour des raisons d'intégration verticales afin de contrôler les éléments en amont et en aval du système de valeur de leurs industries ;
- Les fusions et « joint-venture » pour renforcer la puissance et la position d'entreprise face au besoin augmenter les capacités, collaborer sur le plan de la distribution, d'assurer les besoins en recherche et en développement, etc.
- Ces changements potentiels de la structure industrielle affecteront les conditions de concurrence dans lesquelles fournisseurs et clients devront opérer. Il est donc essentiel donc que les dirigeants examinent de plus près les risques de

changement et l'impact qu'ils auront sur leurs propres entreprises.

Les défis de la concurrence dans le marché

Les domaines principaux à examiner sont donc :

- Les opportunités que la concurrence pourrait directement exploiter dans les points faibles des produits et services, tel qu'ils sont perçus par clients de l'entreprise ;
- La propension pour les clients existants et fidèles à aller rechercher des sources d'approvisionnement alternatives ;
- La probabilité que les pressions de la concurrence aient forcément des restructurations dans l'industrie en question, changeant ainsi le profil de la clientèle.

Les études de marché pour l'élaboration des stratégies de communication

Les études de marché sont un outil de communication important. Elles sont utilisées aussi bien pour évaluer de nouveaux marchés pour des produits que des nouveaux produits. Elles jouent également un rôle essentiel en testant continuellement des hypothèses de communication sur leur position concurrentielle courante.

Les études de marché devraient être utilisées pour aider le management à fixer ses priorités de communication et à établir et tester les hypothèses en fonction de ses priorités. Les études de marché sont décrites par l'association américaine de marketing comme « le recueil systématique, l'enregistrement, l'analyse et l'interprétation de données ou de problèmes qui ont trait à un marché pour le marketing de biens et de services ». Cette définition est probablement celle qui est acceptée le plus universellement. Le rôle imparti aux études de marché dans une organisation de communication sophistiquée est :

- D'établir des priorités pour des opportunités de communication ;
- De fournir les justifications pour les décisions de communication et d'investissement ;
- De faire le « mapping » des marchés ;
- De sélectionner les modes d'entrée sur les marchés ;
- De soutenir les décisions du planning pour des stratégies de maintenance du marché ;
- De fournir connaissance et compréhension des besoins des consommateurs à partir desquels les programmes de nouveaux produits peuvent être établis et orientés ;
- De trouver les critères d'adoption des produits pour satisfaire les besoins de consommations ;
- De définir les segments de marché ;
- D'établir des critères pour élaborer, planifier et mettre en œuvre les activités de publicité, de vente, et les objectifs de communication promotionnelle ;
- De contrôler l'efficacité des opérations ;
- De tester les résultats des activités marketing ;
- De tester et évaluer les niveaux de services ;
- De définir les missions de relations publiques en évaluant les attitudes des groupes d'intérêts cibles, envers l'entreprise, ses objectifs, ses produits ;
- De rechercher et identifier les distributeurs potentiels.
- Les méthodes des études de marché ;
- L'établissement des priorités des marchés ;
- Le mapping des marchés ;
- L'identification des points faibles et forts de la communication de la concurrence ;

- L'élaboration des critères de succès pour les opérations de communication ;
- Les tests des composantes individuelles de la stratégie ;
- L'évaluation des attitudes du public envers l'entreprise et ses produits ;
- Des applications pratiques des études de marché ;
- L'établissement et la réalisation des projets d'études ;
- La méthodologie pour la recherche sur document ;
- L'organisation d'un système pour les informations de communication.

Les activités des études de marché peuvent être considérées à partir de deux niveaux :

1. L'assistance stratégique dans la sélection et l'établissement des priorités des missions de communication ;
2. Suivie et contrôle opérationnel pour tester l'efficacité du marketing et discerner dans quelle mesure l'entreprise satisfait les besoins des consommateurs par rapport à ses concurrents.

Une fois l'étude de marché réalisée, il faut penser à l'élaboration d'une stratégie de communication.

L'élaboration d'une stratégie de communication

Les effets des stratégies des entreprises

Les effets provenant du côté de l'offre, par l'intermédiaire des stratégies des entreprises qui réagiront au nouvel environnement, auront, d'après Cecchini, un impact majeur sur l'économie : toutes les conséquences macro-économiques du choc de l'offre » viendront du fait que les entreprises se feront concurrence sur les plans des coûts et des prix, ce qui conduira à une meilleure répartition et une meilleure gestion des ressources. Leur effet sera d'augmenter la demande intérieure et de stimuler la demande extérieure par l'accroissement de la compétitivité qui en résultera.

Trois facteurs en jeu : les règlementations nationales ; les normes nationales et les certifications.

Le choix du modèle stratégique

Nous présenterons, dans le cadre de cet ouvrage, six propositions stratégiques qui inspireront le stratège en communication. La septième proposition sera une proposition hybride.

Le modèle de Learned, Christensen, Andrews et Guth, plus connu sous le sigle LCAG.

L'auteur le plus marquant fut sans doute Kenneth Andrews qui publia *concepts of Corprate Strategy* qui fut considéré comme la bible de la stratégie.

L'idée de départ est fort logique : la prise de décision stratégique consiste à formuler des buts généraux au préalable, à identifier les problèmes stratégiques majeurs, à choisir la meilleure solution à la mettre en œuvre. La plupart des manuels de stratégie nord-américaine s'appuient peu ou prou sur ce canevas :

– Formulation du but
– Identification du problème
– Propositions de solution alternative (le choix de la solution repose sur des critères tirés de la théorie financière [maximisation de la valeur de l'action], mais ces critères doivent tenir compte des problèmes occasionnés par la nature

des compétences distinctives, par la recherche de synergie, par l'incertitude sur les cash-flows futurs).
– Évaluation des choix mis en œuvre
– Analyse de l'environnement
– Identifier les objectifs de stratégies et de politique
– Opportunités et menaces stratégiques majeures
– Identifier les stratégies alternatives
– Prise de décisions stratégiques
– Valeur de la direction
– Objectifs stratégiques et politiques révisés
– Analyse des ressources
– Responsabilité sociale

Tableau 7 : Le modèle stratégique de l'université de Harvard

FORMULATION (décider que faire)	**CORPORATE STRATEGY**	**MISE EN ŒUVRE**
Identification opportunité – risques	Ensembles de projets (*purposes*) et de politique définissant la société et son domaine d'activité.	**Structure et relation-organisation :**
Détermination des ressources matérielles, techniques, financières et managériales de la société		Division du travail
Valeur personnelle et aspiration des dirigeants		Coordination de la responsabilité partagée
Prise en compte de la responsabilité non économique envers la société		Système d'information
		Processus et comportement organisationnel
		Standard et mesure
		Motivation et système d'incitation
		Système de contrôle
		Recrutement et développement des cadres
		Direction au sommet stratégique, organisationnel, personnel

Dans ce modèle, le dirigeant recherchera d'autant moins le profit à court terme que :

1. Ses performances seront évaluées sur d'autres critères (croissance, excellence technique, paix sociale) ;
2. Le capital sera dilué dans le public

Le modèle d'Henry Mintzberg autour de ce qu'il appelle les 5P

- P comme plan, soit un type d'action voulu consciemment ;
- P comme pattern (modèle), soit un type d'action formalisé, structuré ;
- P comme ploy (manœuvre), soit une action destinée à réaliser un objectif précis (il ne s'agit que de tactique) ;
- P comme position, soit la recherche d'une localisation favorable dans l'environnement pour soutenir durablement la concurrence ;
- P comme perspective, soit une perspective de la position dans le futur.

On peut donc imaginer la séquence suivante en matière de stratégie : dans les grandes organisations bureaucratiques, la rédaction du plan joue un rôle déterminant dans le processus stratégique. Le plan va se formaliser (Pattern), s'exécuter au travers des manœuvres (Ploy), se dérouler dans le temps (Perspective) et entrainer un certain positionnement sur le marché.

Le modèle du Boston Consulting Group (BCG)

Ici, deux positions sont à considérer : basse ou élevée, ce qui nous permet de définir quatre types de cellules :

Les stars : Activités pour lesquelles la part de marché relative et le taux de croissance sont élevés. Ces services nécessitent beaucoup de moyens financiers pour faire face à leur développement.

Les vaches à lait : Activités pour lesquelles la part de marché relative est élevée et le taux de croissance faible. Les services qui se retrouvent dans cette matrice sont ceux qui apportent des ressources à l'entreprise.

Les dilemmes : Activités pour lesquelles la part de marché relative de l'entreprise est faible dans un domaine à taux de croissance élevé. Les dilemmes sont des services consommateurs de moyens. Si on veut, on peut en faire des stars ou bien on peut les abandonner.

Les poids morts : Activités qui cumulent deux inconvénients, la faiblesse de la part de marché relative et du taux de croissance.

Les quatre cellules correspondent à des situations de cash-flow très différentes : « les stars » nécessitent beaucoup d'investissement pour financer la croissance, « les vaches à lait », comme leur nom l'indique, génèrent des liquidités qui servent aux stars, « les dilemmes » doivent être soutenus financièrement pour essayer d'en faire des « stars », les « poids morts », s'ils ne sont pas éliminés assez tôt, risque considérablement d'entamer la rentabilité de l'entreprise.

Les responsables d'entreprise conscients de l'importance de la stratégie devront, pour arriver à une optimisation de la rentabilité, toujours veiller à l'équilibre de leur portefeuille d'activités.

Tableau 8 : Exemple du modèle d'analyse stratégique du BCG

Stars	**Dilemmes** Assistance Conseil Transit
Vaches à lait Transport Dégroupage	**Poids morts** Manutention Acconage Consignation

Source : Nos propres soins

Le processus de la planification

- La définition de la mission autour de laquelle les intentions du plan peuvent être déterminées ;
- L'inventaire des ressources, des forces et faiblesses, de la situation actuelle de manière à ce que l'on puisse déterminer ses objectifs pour l'avenir et les accompagner des besoins en ressources additionnelles ;
- Les objectifs qui devraient figurer sous forme de développement et de performance ;
- L'évaluation des réalités de la mise en œuvre, qui devrait comprendre les défis que l'entreprise affronte et les contraintes qui conditionnent ses opérations ;
- Un plan esquissant les étapes de développement à suivre ;
- Une évaluation des options en ce qui concerne les étapes de développement pour évacuer celles qui sont le moins susceptibles de conduire aux meilleurs résultats en accord avec la stratégie ;
- Une évaluation des alternatives quant aux méthodes de développement en termes de croissance générique, d'acquisition et de collaboration, afin de déterminer la meilleure solution pour des marchés individuels et pour des domaines d'activités dans lesquels l'entreprise a l'intention d'opérer ;
- Un planning de l'évaluation des besoins en organisation pour faire face aux besoins de la stratégie.

Les domaines à examiner

- Les opportunités que la concurrence pourrait directement exploiter dans les points faibles des services tels qu'ils sont perçus par les clients ;

- La propension pour les clients existants et fidèles à aller rechercher des sources d'approvisionnement alternatives ;
- La probabilité que les pressions de la concurrence forcent des restructurations, changeant ainsi le profil de la clientèle et de l'organisation de l'entreprise ;
- Comprendre le comportement de la clientèle est une règle fondamentale des affaires ;
- Identifier des fenêtres d'opportunités qu'une entreprise offre à ses concurrents par ses insuffisances à satisfaire complètement les besoins de ses clients deviendra une discipline essentielle que doit pouvoir maîtriser ;
- L'impact de la concurrence ;
- Les effets de la concurrence sur les systèmes de valeurs.

L'approche d'Igor Ansoff et de la BCG

1. Analyse de la situation
2. Le SWOT
3. Le diagnostic et le problème de communication
4. Le positionnement
5. Les objectifs de communication
6. Les cibles
7. La stratégie de création
8. Choix des supports médias
9. Choix des supports hors-média
10. Choix des supports multimédias et digitaux
11. Le budget
12. Le calendrier
13. Le contrôle des actions

Le modèle hybride

1. Analyse de la situation
2. Le SWOT

3. Le diagnostic et le problème de communication
4. Propositions de solution alternative
5. Le positionnement
6. Les objectifs de communication
7. Les cibles
8. La stratégie de création
9. Prise de décisions stratégiques
10. Valeur de la direction
11. Objectifs stratégiques et politiques révisés
12. Détermination des ressources matérielles, techniques, financières et managériales de la société
13. Valeur personnelle et aspiration des dirigeants
14. Prise en compte de la responsabilité non économique envers la société
15. Choix des supports médias
16. Choix des supports hors-média
17. Choix des supports multimédias et digitaux
18. Le budget
19. Le calendrier
20. Le contrôle des actions

L'ancrage par rapport au calendrier est essentiel. C'est lui qui donne son rythme à la communication hebdomadaire d'une organisation tout en lui permettant toujours d'être en avance d'un événement. Il faut repérer les grands problèmes à traiter compte tenu de l'évolution du produit ou du *process* ou d'événements extérieurs à l'organisation.

Une fois le modèle stratégique retenu, il reste à mettre sur pied l'écriture des messages ou la définition de concept incarnant l'axe de communication. Mais c'est quand même ici qu'il faut prévoir les échelonnements hebdomadaires et commencer à recenser les connotations et les dénotations qui risquent d'accompagner le message. Dans cette phase préparatoire, il ne faut pas hésiter à consulter les membres de l'encadrement ou du personnel pour tester l'avant-projet et recueillir les réactions qu'il suscite.

1. L'ancrage sur le calendrier
2. La détermination des objectifs et des cibles
   2.1. Les objectifs de communication
   2.2. Les cibles de communication
3. L'écriture des messages
   3.1. La conformité à la stratégie de communication
   3.2. Les axes de communication
   3.3. L'écriture des messages
       3.3.1. Les principales approches de l'écriture des messages
       3.3.2. Les principes de la conception des messages
   3.4. L'enchainement des axes dans le temps
   3.5. Le concept
   3.6. Le message et les niveaux de lecture
4. La diffusion des messages
   4.1. De la maquette au bon à tirer
   4.2. Les médias
   4.3. Les hors-média
   4.4. Le digital
   4.5. Le rôle de l'encadrement
5. Organisation, planning et budget.

Détermination des critères de succès

Les objectifs de mise en œuvre

Le communicant devra mettre en place une structure organisationnelle qui favorise le développement des compétences et des savoir-faire. Ce qui pourra faciliter la détection des talents et des savoir-faire du personnel. La structure se présentera comme suit : la création d'un comité de réflexion qui devra statuer sur les grandes lignes du développement de l'entreprise ; il devra se réunir au moins une fois par semaine ; la création des fonctions de chef de projets ou de missions ; ce sont des personnes habilitées à suivre les projets jusqu'à leur aboutissement ; la création d'un département de stratégie et développement ; il aura pour but de rechercher les nouvelles opportunités d'affaires.

Les objectifs de publicité

Devrait s'engager pour chaque projet à réaliser, de mettre sur pied des campagnes de promotion du nouveau service en utilisant toutes les formes de médias existants.

La stratégie créative

Devrait transformer ses employés en de potentiels créateurs d'opportunités de services et de véritables ambassadeurs dans la recherche de nouveaux marchés.

Conclusion

Comprendre le comportement de la clientèle est une règle fondamentale des affaires. Identifier ces fenêtres d'opportunités qu'une entreprise offre à ses concurrents par ses insuffisances à satisfaire complètement les besoins de ses clients deviendra une discipline essentielle qu'une entreprise doit pouvoir maitriser. C'est à la base du marketing.

Il y a pourtant un aspect souvent négligé par les managers ; alors qu'ils se « défoncent » pour fournir leurs clients dans des conditions compétitives, il arrive souvent que ce soit leurs clients, s'agissant d'intermédiaires, qui ne fournissent pas aux consommateurs finaux ce qu'il désire. Ainsi, lorsqu'on analyse ses clients, il est important d'examiner également leur capacité à maintenir leur compétitivité.

La survie pour une entreprise dépendra plus de sa capacité de fournir les besoins des concurrents de sa clientèle de s'acharner à remplir les spécifications de produits d'un concurrent non compétitif.

Lorsqu'on examine la concurrence dans ses différents aspects, il est nécessaire d'analyser et ses origines et son impact sur les structures industrielles. L'on peut ainsi élaborer un raisonnement analytique de la concurrence, que les managers pourront utiliser pour établir des pronostics dans leur propre entreprise. Il est donc important d'examiner rapidement les caractéristiques des principaux concurrents potentiels. Leur impact sur le marché affectera plus particulièrement les structures industrielles.

Nécessité et difficulté de l'analyse

Trois raisons expliquent la difficulté d'une logique de la connaissance en communication :

- D'abord, chacun étant praticien de la communication, on se sent assez naturellement spécialiste. La communication a un point commun avec la politique : chacun y est compétent. Cela est la conséquence du paradigme démocratique qui reconnaît l'égalité de tous, aussi bien pour s'exprimer, parler et communiquer, que pour avoir une opinion politique et la faire connaître.
- Ensuite, la communication est un secteur neuf, sans tradition, où la multitude des innovations techniques, depuis un siècle, et leurs performances croissantes semblent avoir apporté les solutions aux questions que chacun pouvait se poser. L'idée

implicite est que les objections d'aujourd'hui seront balayées par les innovations de demain.

– Enfin, avec la communication, il est question au moins autant de passion que de raison. Non seulement personne n'a de distance à l'égard de la communication, surtout chacun est ambivalent à l'idée de savoir, car, les difficultés rencontrées dans ce domaine renvoient le plus souvent aux difficultés de chacun. On préfère utiliser la communication pour faire passer un message que réfléchir sur elle, car elle se transforme vite en miroir de soi-même. La communication n'est jamais un objet neutre de connaissance.

CHAPITRE IV : LA PRODUCTION DES SUPPORTS DE COMMUNICATION

Il existe une diversité de supports de communication qui utilise des outils aussi divers que le papier, le vinyle, les autocopiants, le rocher, la peinture, le dessin fabriqué, etc., mais toute création publicitaire appartint à un contexte socioculturel précis.

Dans son cours de linguistique générale, Ferdinand de Saussure montre que la langue est un ensemble de signes qui fait sens, eux même décomposables en deux entités indissociables : le signifié et le signifiant. Le signe n'est donc pas le mot lui-même, mais la relation du mot à l'objet. Selon lui, le signe n'est pas un objet, mais c'est la représentation de cet objet.

Selon Charles Sanders Pierce, l'indice est dans un rapport de continuité avec l'objet auquel il renvoie comme une empreinte de pas, à la différence de l'icône ou du symbole, il n'a aucune intention significative :

- L'indice attire l'attention du moment où on veut arriver à un but précis. L'indice est un début de preuve. Du moment où il n'y a pas une cause, l'indice ne signifie rien.
- L'icône entretient un rapport de ressemblance avec l'objet qu'il dessine. Ce lien est donc d'ordre numérique ou analogique.
- Le symbole renvoie à l'objet. La compréhension du symbole dépend donc des codes culturels dans lesquels il s'inscrit. Le

symbole doit donc être partagé, car la signification ne serait pas comprise si un individu ne s'invente ses propres symboles.

La rédaction des messages et les stratégies de création

La complexité de la démarche stratégique pour l'élaboration des supports de communication est d'autant plus méthodique que la démarche suivante doit être suivie de manière scrupuleuse. La première étape consiste en l'élaboration d'une *copy strategy*, ensuite suivront le script, le *story board* et le synopsis.

La *copy* strategy et son évolution

L'élément de base de toute création publicitaire est la *copy* strategy ou copie stratégie. Il reprend les éléments suivants : la promesse, la preuve, le bénéfice consommateur et le ton.

- **La promesse** : c'est le message à communiquer à la cible.
- **La preuve** : l'étude comparative, la présence des résultats, la démonstration du produit.
- **Le bénéfice consommateur** : concret, observable (à l'intérieur de l'individu ou sur lui)
- **Le ton** : qui va constituer l'ambiance du message, sa scénarisation et son émotion. (L'ambiance/ton est extérieure à l'individu).

La *copy* strategy a été inventé dans les années 80 au moment où la publicité se détachait de la réclame. La *copy stratégy* est assez proche de la théorie de **l'USP** (*Unique selling Proposition*), la publicité fait une proposition forte, attractive, exclusive en s'appuyant sur la spécificité réelle ou supposée du produit.

Les types de *copy strategy*

Le projet créatif a connu une grande évolution. On est passé de la copie stratégie à la stratégie de disruption en passant par la *copy stratégy* créative, la star stratégie et le plan de travail créatif.

La copy stratégie créative

Il s'agit d'expliciter l'axe publicitaire. **Une idée forte** élaborée à partir des freins et des motivations et qui synthétise à la fois le positionnement, la promesse et la marque. On utilise le concept d'évocation comme renvoyant à une situation concrète qui crédibilise l'axe. C'est ce que Roland Barthes appelle l'effet de réel, qui crée l'illusion d'une situation ou d'une sensation.

Les thèmes de déclinaison des messages de type de stratégie créative sont : conception, rédaction, scénario, musique, ambiance du message… bref tout ce qui peut servir à matérialiser l'effet de réel.

La star stratégie

Elle se développe dans les années 80 lorsque le consommateur éprouve le besoin de s'identifier à une marque : on n'achète plus un produit, mais une marque. Jacques Séguéla en sera l'un des meilleurs chantres. La star stratégie commence avec l'attractivité qu'exercent les héros publicitaires. Le produit devient la marque. On vend le produit à travers le nom d'une star. (Exemple : MTN avec ETO'O, UCB avec ETO'O, PLANET avec X-MALEYA, BICEC avec Stanley ENOW…). L'aboutissement de la star stratégie permet à la marque de sortir de l'anonymat et de devenir une star qui a un physique (ce qu'elle apporte), un caractère (sa valeur imaginaire) et un style.

Le plan de travail créatif (PTC)

À la fin des années 80, les agences publicitaires traversent une crise qui va faire disparaitre plus d'une. La crise fait le ménage (plusieurs agences se ferment) et la communication change d'âge : « fini le temps des traces et des paillettes, voici venu le temps des gestionnaires ». Le PTC porte la marque de cette évolution. Il a été proposé par l'agence Young et Rubicam.

Cette stratégie s'applique en particulier à des annonceurs prudents, à des marchés sensibles, à des produits instables. Le fait principal positionne le produit et la marque en liaison avec une analyse des principaux concurrents, les objectifs sont précis, concis, mesurables. À partir de cet état des lieux se construit la stratégie créative (cible de communication, bénéfice consommateur, thèmes et ambiance du message) et se définissent les instructions et les contraintes (budget et charte graphique).

Le plan de travail créatif se présente comme suit :

- Fait principal ; le fait le plus important de la communication
- Objectifs : notoriété, image de la marque, consommation
- Cible ; profil sociodémographique de la cible ; comportement et motivation de la cible
- Message : le bénéfice que la cible doit retenir de la communication
- Support : les arguments qui soutiennent cette promesse
- Ton : la personnalité et la tonalité de discours (argumenté, émotionnel…)
- Média : les médias choisis, les formats, la fréquence
- Restrictions : les contraintes légales ou de mise en forme

Elle apparait dans les années 90, où la crise se ressent d'une manière durable (stagnation des ventes, consommateurs économes et prudents, essoufflement de la publicité). La star stratégie fatigue et lasse. La stratégie de disruption va petit à petit devenir un modèle avec tous les risques que cette plateforme créative comporte (rupture totale entre le message voulu et la perception de la cible, impact très difficile à évaluer à priori). Jean-Marie DRU fournit un prolongement intéressant avec le concept de saut créatif. C'est la capacité des créatifs de l'agence à traduire un objet marketing habituel en situation originale, séduisante et attractive pour la cible. Le saut créatif brise les conventions et redessine le marché.

Dans un premier temps, il s'agit de détecter les conventions qui normes un marché, c'est-à-dire « le stock d'idées toutes faites qui maintiennent les choses en l'état ». Il faut donc les remettre en cause, les questionner. Cette étape permet de valider les habitudes figeant les pensées, les stéréotypes qui emprisonnent les perceptions, les évidences invisibles qui enterrent la marque. Les conventions ne sont pas les faits, mais des opinions. La disruption est le moment de remise en question qui va permettre à la marque de se repositionner. La disruption s'attaque à l'identité globale de la marque, mais en déstabilisant ces dernières ; il faut veiller à rester juste et cohérent par rapport à la marque et à l'idée qu'on s'en fait. Exemple : le changement de design de la bouteille de Malta ; « un nouveau look, mais le même gout ». La vision construit ensuite le sens (orientation future et signification) de la marque.

Le script

Il se présente en deux colonnes ressortant clairement sur une page ce que l'on entend et ce que l'on voit.

Exemple de script

Élaborer le script d'une publicité de votre choix.

Sons	**Images**
Bruitage	Lieux
Musique	Personnages
Voix masculine	Habillements
Voix féminine	Attitudes
Voix on	Décoration
Voix off	Logistique
Ambiance	Satellites
Doublure	Autres

Le storyboard

Il se présente sous la forme d'une bande dessinée. Il décrit, très minutieusement, les différentes étapes du scénario publicitaire.

Le synopsis

C'est la partie texte du scénario. Il peut se présenter sous la forme d'un monologue, d'un dialogue ou d'une conversation entre plusieurs personnes.

La production des supports

Il existe une diversité de supports de communication qui utilise des outils aussi divers que : le papier, le vinyle, les autocopiants, le rocher, la peinture, le dessin fabriqué, etc., mais toute création publicitaire appartint à un contexte socioculturel précis.

L'identité visuelle : logo et charte graphique

L'identité visuelle est une composante et une expression de l'identité de l'annonceur. Elle doit donc d'abord être abordée dans un souci de cohérence avec le nom de la marque ou de l'institution et sa signature. L'identité de l'annonceur se construit à la fois par un processus interne d'expression lié à la ses valeurs, à l'image qu'il veut donner de lui-même, à son positionnement ; et par un processus externe des différenciations qui trouvent son aboutissement dans le dépôt des différents éléments d'identification (noms, signatures, logos, chartes graphiques). L'identité visuelle a donc pour fonction de favoriser la mémorisation et la reconnaissance de l'annonceur, de créer un lien affectif et d'agréger autour de lui, les connotations positives dont il considère qu'elles faciliteront son activité.

Le logo concentre en lui, toutes les exigences de l'identité visuelle. À cheval entre linguistique et iconique, le logo constitue, avec le nom de la marque, la signature de l'annonceur.

Comme en témoigne son étymologie, logo en grec signifie « discours, raison, ordre, parole ». Le logo n'est pas un élément décoratif, mais une synthèse signifiante de la stratégie de communication de l'annonceur.

Il existe plusieurs types de logo

- **Les logos simples** : ils se composent exclusivement de signes alphanumériques. Ex : Coca-Cola Une typographie particulière (majuscule/minuscule). Répartition, silhouette du mot, personnalisation typographique, empattement (exemple…). Fonte, lettre cari graphique, lettres gestuelles, lettres dessinées en mode contours, etc., constituent leur spécificité. À cela peuvent s'ajouter le croisement de lettre, leur superposition, leur encastrement, leur entrelacement.
- **Les logos complexes** : ils articulent 02 systèmes de signes que sont : le scriptural et l'iconique. Le nom, complet de la marque dans une écriture caractéristique, peut aussi être

contenu dans un symbole visuel simple (rond, carre, ovale). Exemple : logo d'ORANGE, MTN.

- **Les logos en siglotypes** : il s'agit d'abréviations (mots en raccourcis) dont on garde les premières lettres pour l'initiale ou la finale. Exemple : CRTV, SABC. Il s'agit aussi d'acronymes (groupe de mots raccourcis en conservant le début de chaque mot. Exemple : COGENI, SOREPCO. Ou des sigles.
- **Les logos en icotypes** : ce sont des logos purement iconiques. L'identification est alors figurée (en totalité ou en partie) dans une représentation iconique, selon 05 catégories :
  - Les figures géométriques (Adidas, Nike)
  - Les objets ou instruments (logo d'Elf)
  - Les personnages réels ou imaginaires (Jordan)
  - Les animaux (université de Douala)
  - Les végétaux ou minéraux (SUPERMONT)

L'affiche

Construire une affiche c'est transformer l'espace en signification avec un objectif majeur, passer de l'adaptation de la tension grâce à des procédés formels, à la compréhension d'un message qui, chez l'humain, prend nécessairement une forme textuelle.

Les composantes d'une affiche

Le slogan d'accroche : encore appelé « headline », il est constitué de la devise du produit ciblé sur le moment de la transaction commerciale. L'un de ses rôles principaux est de captiver l'attention, d'interpeller le lecteur. Le slogan d'accroche est aussi souvent lié au visuel, il ne dépasse pas 12 syllabes.

Le slogan d'assise : encore appelé « Baseline », il explicite la devise de la marque dont elle synthétise souvent la stratégie économique ou la promesse. Son rôle est double :

- Il donne une information supplémentaire sur le produit présenté.
- Il explicite le rapport entre le visuel et le slogan.

Le slogan de marque : encore appelé « corporate », c'est une devise de la marque caractérisant le positionnement de la marque dans le long terme. Il en devient peu à peu indissociable. Exemple : « les brasseries du Cameroun ».

Le rédactionnel : encore appelé « pavé rédactionnel », c'est un texte construit, fortement argumentatif, plus objectif, et à forte charge informative. Sa typographie est de préférence neutre et de petite taille. Rarement lu, il reste cependant capital, puisqu'il apporte des informations supplémentaires aux personnes concernées et interpellées par l'annonce. Exemple : « *drink responsible* » ; « déconseillé aux moins de 21 ans ».

Le visuel : c'est la partie iconique de l'annonce la plus importante en termes de surface. Il peut représenter aussi bien le produit que son contexte d'utilisation ou encore toute image en rapport avec l'idée de vente.

Le packshot : encore plan produit, il désigne la prise de vue en gros plan du produit, qui peut clore aussi bien une annonce de presse ; une affiche ou un spot télévisé. C'est par exemple le visuel du produit dans son emballage tel que le consommateur le trouvera sur le lieu de vente.

Les satellites : ce sont les éléments mi-textes, mi-image, de plus ou moins faible superficie disséminée sur l'espace de l'annonce. Ils s'égrènent apparemment de manière aléatoire.

La marque : c'est le nom de la marque à proprement parler, c'est la signature de l'annonce. Il apparait très souvent à proximité du logo et du slogan de marque. La marque peut se refléter soit à l'identité de la firme, soit au nom du produit.

Le logo : À cheval entre linguistique et iconique, le logo constitue, avec le nom de la marque, la signature de l'annonce. Il remplit quatre fonctions :

- Reconnaissance/distinction
- Signature/certification
- Agent communautaire/filiation
- Ambassadeur de valeur/condensateur.

Les éléments plastiques : ce sont les couleurs, le décor, soulignons aussi que le texte peut aussi recevoir un traitement plastique : typographie, fonte, couleur, etc.

Les parcours de lecture d'une affiche

Si le lecteur construit toujours un sens singulier de l'annonce, la mise en page, l'utilisation des couleurs et des contrastes, ou encore des polices d'imprimerie sont autant d'éléments qui vont contraindre une partie de son parcours de lecture. Il existe 06 parcours de lecture d'une affiche publicitaire :

Le parcours en Z : il part d'un point situé dans le premier tiers supérieur gauche de la page, suit un parcours en Z et s'achève en bas à droite de l'annonce.

Le parcours circulaire : le balayage part du point supérieur gauche, fait un tour de l'annonce en rasant les marges (bords), puis en 2e tour, à la circonférence plus réduite, et ainsi de suite jusqu'à ce que la surface soit entièrement couverte.

Le parcours en miroir : il se fonde sur la duplication du visuel et du slogan d'accroche. Il s'organise principalement autour d'un axe horizontal ou vertical. Il joue sur un parcours de lecture par rebondissement.

Le parcours séquentiel : le balayage séquentiel découpe l'image en micro-espaces carrés ou rectangulaires, relativement autonomes du point de vue iconique, mais enchainé selon une logique narrative ou descriptive. L'annonce est structurée à la manière d'une bande dessinée.

Le parcours quadrillé : le balayage quadrillé est basé sur une lecture par fragmentation horizontale ou verticale, avec des regroupements possibles (formule de l'échiquier ou du damier). La publicité se voit aussi fragmentée en bandes verticales et horizontales. Elle offre divers espaces de lecture non reliés entre eux.

Le parcours mixte.

NB : les différents parcours de lecture évoqués ne s'excluent pas mutuellement. Il n'existe pas un archétype, faisant partie d'autres configurations géométriques. Certaines publicités n'hésitent pas à composer des agencements inattendus.

Exemple : La lecture de l'affiche de la bière « Manyan »

- L'affiche vue en classe est au format A2+
- Dimension 60×80 cm,
- Papier : couché brillant double face.
- Grammage : 220 environ
- Type d'impression : image en quadri simple.
- NB : l'image en quadri pelliculée ou encore laminée contient un plastic.
- Slogan d'accroche : « my bro, this one is for us »
- Slogan d'assise : « the original national beer »
- Slogan de marque : « Manyan et les Brasseries du Cameroun
- Le visuel : les trois consommateurs et leur décor
- Le rédactionnel : « drink responsible »

- Le packshot : la dernière bouteille de Manyan, proche du bras de la dame, parce qu'il montre la bouteille telle qu'on la verra dans les points de vente.
- Le logo : il y en a 2 : le logo de Manyan (le lion) et le logo de la marque (les brasseries).
- Les satellites : la table, la barre de fer, l'immeuble en fond, le verre de bière.
- La marque : SABC
- La colorimétrie : prédominance du jaune et du rouge qui sont les couleurs de la marque.
- Le parcours de lecture : parcours mixte, parce qu'il favorise une disposition du texte en Z et une disposition circulaire.

Les autres imprimés

Le prospectus/flyers : il s'agit d'un imprimé distribué gratuitement dans le cadre de la communication, mais aussi politique ou associatif. Son format est par destination réduit (A5, A6) et peut comporter ou non des plis. La créativité graphique de ce type de document est essentielle : il y a peu de flyers. Les prospectus sont soigneusement conservés et toutes informations seront réutilisées. Il faut donc impérativement attirer l'attention de la cible et soigneusement hiérarchiser les informations afin de l'exciter à conserver le document, message publicitaire, services proposés, identité de l'entreprise, coordonnées et contacts.

Le dépliant est un peu plus consistant, institutionnel et se prête plus à une remise en main propre ou à l'utilisateur d'un présentoir. Il va à l'essentiel, mais donne suffisamment d'informations pour suffire à lui-même. Par opposition au prospectus, il va être l'objet d'une lecture approfondie et va devenir pour le prospectus un support de référence. Il existe 06 types de dépliants : plis accordéon ; plis économique, pli portefeuille ; pli roulé ; pli simple ; pli fenêtre.

NB : par dépliant, on entend un format imprimé recto verso que l'on définit toujours avant pliage. Le mode de pliage est loin d'être anecdotique et relève même d'un choix essentiel dans la mesure où il constitue un compromis entre lisibilité, praticité et originalité. En tout état de choses, le choix du format et du pliage doit être opéré en fonction de la structure du contenu présenté.

L'annonce presse

L'annonce presse obéit à des règles de construction qui, sans être absolues, garantissent malgré tout un certain niveau d'efficacité. Une connaissance précise des procédés rhétoriques et des figures de style est indispensable pour produire l'effet voulu sur les récepteurs.

La plaquette d'entreprise

Elle est faite pour s'inscrire dans une durée longue. Elle doit être soigneusement équilibrée dans sa construction, car elle touche tous les publics. Elle doit être particulièrement soignée dans sa réalisation. Une plaquette ratée met en mal une identité. Essentiellement in formative, elle doit reposer sur un rédactionnel clair et sobre. Les textes doivent être courts, comportant des données pérennes et hiérarchisant nettement l'information. On peut songer à un processus de réactualisation au moyen de feuillets mobiles. (La plaquette peut contenir des images illustrées, des textes qui contiennent les informations de l'entreprise). À la première de couverture, elle doit contenir tous les éléments d'une affiche en dehors du rédactionnel. En 2ᵉ de couverture, elle doit contenir la présentation de l'entreprise. En 4ᵉ de couverture, elle doit contenir les informations institutionnelles (contacts, boite postale, adresses…). La plaquette peut présenter les produits de l'entreprise, mais sans toutefois les vanter. Elle permet de présenter : les missions, les résultats, les peurs, les ambitions, les craintes, les buts, les objectifs.

Le rapport annuel

L'homogénéité et la continuité de la présentation d'une année sur l'autre sont essentielles pour un document destiné à devenir un outil de référence pour le pilotage de la structure. Il est indispensable de penser et mettre en œuvre un document permettant des comparaisons aisées d'une année à l'autre.

Eu égard au caractère très sensible des informations mises à disposition du public, le rétroplanning tiendra compte de phases de validation et d'éventuelles corrections relativement longues. Le rapport annuel se présente en trois parties :

- Une partie synthétique rassemblant les principaux indicateurs permettant de saisir la stratégie, les réalisations et les objectifs de la structure.
- Une partie analytique détaillant les différentes activités de l'entreprise, son organigramme, l'actualité de ses divers pôles ou secteurs.
- La partie juridique et comptable visant un public averti, à la recherche de précisions et soucieuse de vérification.

Les journaux d'entreprise

Il est légitime de considérer que chaque public mérite son journal ou sa publication. Il vaut mieux ne pas communiquer que de mal communiquer, il faut éviter la « communication attrape-tout » (dire tout et rien) visant des publics hétérogènes et qui ne se retrouvent pas dans ce qui leur est donné à voir ou à lire. On distingue donc :

- Les journaux d'entreprise à usage interne qui constituent un outil de management.
- Les journaux d'entreprise externe à destination des fournisseurs, clients et autres partenaires dont la dimension commerciale et institutionnelle impose une tonalité différente.
- Les magazines de marque dont la préoccupation essentielle est celle de la notoriété et qui constitue un outil important de fidélisation, un élément de la relation client.
- Les publications des collectivités territoriales (mairies, CUD) qui visent un public à la fois usager et électeur.

Les communiqués de presse

C'est un moyen simple et peu couteux d'établir et d'entretenir les contacts avec les journalistes. L'information qu'il contient doit être réelle et actuelle. Les faits doivent être précis.

Le communiqué de presse se présente sur une feuille recto simple, exceptionnellement sur deux feuilles. Le texte devra comporter 1500 signes. On entend par signe une lettre, mais aussi un espace, une apostrophe, une ponctuation. Il portera la mention « communiqué de presse », il sera daté, comportera le logo et le nom de l'annonceur. Il contiendra les coordonnées précises du contact presse auprès duquel les journalistes obtiendront les informations complémentaires et des illustrations photographiques.

Le communiqué de presse doit être titré. Il doit contenir le message essentiel et répondre aux questions suivantes : qui fait quoi quand où comment et pourquoi ? Le communiqué de presse doit adopter le style journalistique et être structuré comme un article de presse. Le message essentiel doit se trouver dans le chapeau, les trois ou quatre lignes du chapeau résument l'information nouvelle, utile et intéressante. Visuellement, elle se distingue du corps du communiqué. Il doit comporter un plan. Pour être intéressant et efficace, le communiqué de presse doit respecter les 04 lois de proximité :

- La proximité géographique ou la loi du mort kilométrique ;
- La proximité temporelle, la projection dans le futur (ce qui est futur est plus important que ce qui est présent) ;
- La proximité sociale : culture ;
- La proximité psychosociale : affection, émotions, intérêt humain.

Pour favoriser la lecture du communiqué de presse, il faut :

- Faire des phrases courtes et simples, maximum 12 mots.
- Utiliser un vocabulaire compréhensible (pas de jargon technique).
- Adopter un style direct.

Le dossier de presse

Il fournit la matière aux journalistes pour écrire des articles étoffés et diversifiés avec des angles d'attaque différents. Le dossier de presse est utilisé lors des conférences de presse, d'inauguration de salons. Il doit être clair, attrayant et facile à utiliser. Le dossier de presse contient différents éléments à savoir :

- Un sommaire avec des titres informatifs et précis qui comportent les numéros de pages de dossier.
- Un communiqué de presse.
- Des textes traitant de sujets sous plusieurs angles (articles, portraits…), chaque texte ne dépasse pas une page saisie (1500 signes maximums).

– Des annexes (fiche d'identité de l'entreprise, fiche technique du produit, biographie, graphique, plan, lexique des termes, informations pratiques…).

– Des éléments iconographiques (une ou plusieurs photos qui seront légendées). Ces éléments sont fournis soit sur CD-ROM, soit par mail. Pour l'essentiel (contenu rédactionnel), confer communiqué de presse.

La fiche produit

Elle sert à décrire un objet, expliquer un processus, détailler un service ou au contraire le présenter succinctement pour inciter le lecteur à contacter l'entreprise. Chaque entreprise crée le modèle de fiche produit qui correspond à ses besoins.

Le contenu de la fiche produit

En général, la fiche produit présente :

– Les principales caractéristiques techniques du produit (poids, formes, dimension,)

– Les avantages du produit (son intérêt, ses points forts par rapport à la concurrence)

– Les conditions d'utilisation ou les contraintes d'utilisation (la configuration minimale informatique pour faire fonctionner une application)

– Les coordonnées de l'entreprise et les informations pratiques pour passer une commande.

Dans certaines fiches produits, on pourra aussi trouver des informations sur le succès remporté par le produit, des références et recommandations d'utilisateurs, la mention « nouveau » lorsque c'est le cas. Il faut rester dans l'équilibre visuel et texte. Le texte vient expliquer le visuel.

Le catalogue

Il présente l'ensemble de l'offre avec des illustrations, et est conçu pour permettre au client de s'informer afin d'effectuer un choix pertinent. Un catalogue peut être général ou spécialisé.

Le contenu du catalogue

En général, un catalogue comprend : un sommaire ; un édito ; des fiches produits ; une grille tarifaire et un bon de commande.

Les spots radio

Le coût relativement faible des spots radio ainsi que la multiplication des radios locales en fait un support facilement accessible, mais dont la qualité laisse souvent à désirer.

Les 04 principes d'un spot radio :

- Un spot : une idée. Il ne s'agit pas simplement de transposer sous une forme plus ou moins orale la promesse publicitaire, mais bien de concevoir un événement de communication (le spot) qui forme un tout et a sa cohérence propre.
- Assumer ses choix. Dialogue ou monologue ? Fond sonore, bruitage, silence ? Ton soutenu, familier, enjoué, décalé ? Il n'y a pas à priori de bonne réponse, par contre il y a des choix réfléchis et des impulsions malheureuses. Le monologue crée une intimité entre auditeur et annonceur, une plus grande proximité. La voix off s'adresse directement à la cible ; ce qui constitue une approche pertinente lorsque par exemple les produits ou services suggèrent la confidentialité. Le dialogue met quant à lui en scène plusieurs protagonistes et fait de l'auditeur, le spectateur de leur aventure. Cette possibilité offre plus de distance critique, agresse moins l'auditeur, mais l'implique peu.
- Un scénario sinon rien : écrire pour être entendu, et seulement entendu, nécessite que chaque mot soit apaisé, direct,

efficace. On évitera les phrases de plus de 10 mots, difficilement mémorisables. Les formules stéréotypées sont à proscrire. On utilisera les tournures ou formules actives, incitatives. Les pauses donnent du rythme. Elles ne visent pas à se reposer, mais à rebondir. Le désir d'interpeller l'auditeur ne doit pas faire perdre le sens de la mesure. Attention aux excès et à la tentation de choquer pour se faire entendre. L'humour demande une certaine connivence avec la cible, et peut s'avérer contre-productif. La promesse commerciale doit intervenir dans le 2e moitié, voir tout à la fin du spot pour faciliter la mémorisation. Il faut pousser à l'action, appeler à se rendre sur un point de vente, consulter un site…

- Tout est dans le chrono : 30 secondes de spot, un mot pour 2 à 3 secondes, pause comprise. Cela mérite de tester et de réécrire en élaguant tout ce qui peut l'être. Il est toujours plus difficile de faire court.

Fabrication des gadgets et caractéristiques *print*

Fabrication des calendriers

Chevalets standard à 12 feuillets bilingue (anglais/français)

Type de papier : C. B[12]

Grammage du papier : 200 g pour les feuillets et 450 ou 600 gr pour le support en contre collé avec en externe du CB 85 g en tapissage.

Caractéristiques : Document en quadri recto verso relié par une spirale de couleurs institutionnelles.

Format : format standard ou créatif.

Quantité : (voir prévision annuelle).

---

[12] Couché brillant

Délai de livraison : 14 jours après le BAT[13].

Autres détails : respect de la charte graphique, des commandes, du délai de livraison, du cahier de charge, des quantités à livrer, le document final peut être verni, pelliculé ou laminé.

NB : Mettre l'accent sur la clarté et la netteté des images, du texte et du document final. La conformité aux normes et procédures de l'entreprise en matière de communication doit être scrupuleusement respectée.

Fabrication des agendas personnalisés

Type de papier : Couverture en cuir ou semi-cuir pour la couverture, papier de luxe jaunâtre perforé dans la bordure inférieure droite pour les pages intérieures et le CB pour les pages intérieures de présentation.

Grammage du papier : Papier de luxe : 115 ou 135 g ; CB : 135 g

Caractéristiques : la couverture en cuir aura le logo gravé en haut à gauche, alors que la signature institutionnelle sera inscrite en lettre d'or juste en dessous du logo ; seules les pages de présentation interne seront en quadri alors que les autres pages seront mono couleur, les pages intérieures sont personnalisées selon les prescriptions qui vous seront données.

Format : standard

Quantité : (voir prévision annuelle)

Délai de livraison : 30 jours après le BAT

Autres détails : Respect de la charte graphique, des commandes, du délai de livraison, du cahier de charge, des quantités à livrer, le document final peut être verni ou pelliculé.

NB : Nous comptons sur la clarté et la netteté des images, du texte et du document final.

---

[13] Bon à tirer

Fabrication des porte-clés personnalisés

Type de support : Standard.

Caractéristiques : porte clé fait à base de résine avec en fond l'inscription du nom de l'entreprise, son logo, sa signature institutionnelle.

Format : Standard

Quantité : (voir prévision annuelle)

Délai de livraison : 30 jours après le BAT

Autres détails : Respect de la charte graphique, des commandes, du délai de livraison, du cahier de charge, des quantités à livrer.

NB : Nous comptons sur la clarté et la netteté des images, du texte et du document final.

Fabrication des joggings personnalisés

Type de jogging : Équipe nationale de football avec ou sans rembourrage interne.

Grammage : 450 g

Marque : Puma ou Adidas ou Allstar

Caractéristiques : Inscription du logo et de la signature institutionnelle en gonflant en médaillon sur la poitrine du côté gauche d'une grosseur de 10 à 15 centimètres et en arrière, toujours en gonflant le nom l'entreprise.

Couleurs : de l'entreprise

Quantité : (voir prévision annuelle).

Délai de livraison : 30 jours après le BAT.

Autres détails : Respect de la charte graphique, des commandes, du délai de livraison, du cahier de charge, des quantités à livrer, de la qualité du tissu.

NB : Mettre l'accent sur la clarté et la netteté des images, du texte et du vêtement finals. La conformité aux normes et procédures de l'entreprise en matière de communication doit être scrupuleusement respectée.

Fabrication des T-shirts et polo

Type : 100 % coton ou polyester

Marque : Polo ou *old boy*

Grammage : 240 g

Caractéristiques : Inscription du logo et de la signature institutionnelle en gonflant en médaillon sur la poitrine du côté gauche d'une grosseur de 10 à 15 centimètres et en arrière, toujours en gonflant le nom de l'entreprise.

NB : Le col ne doit pas être extensible.

Couleurs : bleue ou grise.

Quantité : (voir prévision annuelle).

Délai de livraison : 30 jours après le BAT

Autres détails : Respect de la charte graphique, des commandes, du délai de livraison, du cahier de charge, des quantités à livrer.

NB : Mettre l'accent sur la clarté et la netteté des images, du texte et du document final. La conformité aux normes et procédures de l'entreprise en matière de communication doit être scrupuleusement respectée.

Fabrication des casquettes

Type : 100 % coton brut

Marque : toile

Grammage : 240 g

Caractéristiques : Inscription du logo et de la signature institutionnelle en gonflant en médaillon de 10 centimètres au fronton et en arrière, toujours en gonflant le nom de l'entreprise.

Couleurs : bleue ou grise

Quantité : (voir prévision annuelle).

Délai de livraison : 30 jours après le BAT.

Autres détails : Respect de la charte graphique, des commandes, du délai de livraison, du cahier de charge, des quantités à livrer.

NB : Mettre l'accent sur la clarté et la netteté des images, du texte et du document final. La conformité aux normes et procédures de l'entreprise en matière de communication doit être scrupuleusement respectée.

Stylo et matériel de bureau

Type : Luxe

Marque : Schneider

Caractéristiques : Marquage du nom de l'entreprise sur toute la longueur

Format : Standard.

Quantité : (voir prévision annuelle).

Délai de livraison : 30 jours après le BAT :

Autres détails : Respect de la charte graphique, des commandes, du délai de livraison, du cahier de charge, des quantités à livrer.

NB : Mettre l'accent sur la clarté et la netteté des images, du texte et du document final. La conformité aux normes et procédures de l'entreprise en matière de communication doit être scrupuleusement respectée.

Fabrication des banderoles de salle et de rue

Type : Blacklite ou tyveck ou bâche, flex

Marque : standard

Grammage : standard

Caractéristiques :

Format : conventionnel

Quantité : (voir prévision annuelle).

Délai de livraison : 14 jours après le BAT

Autres détails : Respect de la charte graphique, des commandes, du délai de livraison, du cahier de charge, des quantités à livrer.

NB : Mettre l'accent sur la clarté et la netteté des images, du texte et du document final. La conformité aux normes et procédures de l'entreprise en matière de communication doit être scrupuleusement respectée.

Fabrication des Flying banner

Type : Mousseline

Marque : Mousseline

Grammage : Léger et résistant

Caractéristiques : Inscription du logo, de la signature institutionnelle en latérale sur le tissu dans toute sa longueur.

Format : Standard.

Quantité : (voir prévision annuelle).

Délai de livraison : 30 jours après le BAT.

Autres détails : Respect de la charte graphique, des commandes, du délai de livraison, du cahier de charge, des quantités à livrer.

NB : Nous comptons sur la clarté et la netteté des images, du texte et du document final. La conformité aux normes et procédures de l'entreprise en matière de communication doit être scrupuleusement respectée.

Fabrication des standings banners ou/et des roll up

Type : Blacklite ou tyveck, tissu et étoffe

Marque : Blacklite ou tyveck

Grammage : Standard

Caractéristiques : Inscription du logo, de la signature institutionnelle en latérale sur le tissu dans toute sa longueur.

Format : Standard

Quantité : (voir prévision annuelle).

Délai de livraison : 30 jours après le BAT

Autres détails : respect de la charte graphique, des commandes, du délai de livraison, du cahier de charge, des quantités à livrer

NB : Nous comptons sur la clarté et la netteté des images, du texte et du document final. La conformité aux normes et procédures de l'entreprise en matière de communication doit être scrupuleusement respectée.

Fabrication des oriflammes

Type : Géant.

Marque : Standard.

Grammage : Standard.

Caractéristiques : Inscription du logo, de la signature institutionnelle en latérale dans toute la longueur et en latéral.

Format : Géant.

Quantité : (voir prévision annuelle).

Délai de livraison : 30 jours après le BAT.

Autres détails : Respect de la charte graphique, des commandes, du délai de livraison, du cahier de charge, des quantités à livrer.

NB : Nous comptons sur la clarté et la netteté des images, du texte et du document final. La conformité aux normes et procédures institutionnelle en matière de communication doit être scrupuleusement respectée.

Conception des magazines d'entreprise

Chef du comité de rédaction : Voir Celcom.

Membre du comité de rédaction : (les membres du comité de rédaction doivent être de préférence élus pour une certaine période, prévoir un règlement et des lois à cet effet de même que les responsables de desk).

Présentation du fantôme : Équilibre entre texte et image.

Format : Original

Périodicité :

Responsables desks : information – sport et loisirs – culture – performance - vie des employés, etc.

La descente sur le terrain

Campagnes de communication interne

Nombre de formations annuelles : (Voir prévision annuelle).

Durée en jour de chaque campagne : 3 à 5 jours par session.

Superviseur ou chef de mission : Voir Celcom

Nombre d'agents à former : Voir Celcom

Nombre de gadgets prévus : à préciser.

Dotation financière prévue par jour de formation ou de recyclage : à préciser

Thème de la formation :

Mot clés du message :

Temps communication : 02 heures par session

Choix des supports médias :

Fabrication des spots RTV et typon presse

Type de spot : RTV

Format : 30 ou 45 secondes.

Support : professionnel.

Copy strategy :

Promesse :

Avantage concurrentiel :

Ton :

Positionnement :

Mise en scène :

Mise en signe :

Mise en image :

Campagne média

Nombre de sorties : Selon calendrier.

Durée en jour de chaque campagne : 1 à 2 jours

Superviseur ou Chef de mission : Celcom

Nombre d'agents : 1 à 2 personnes

Rôle de chaque agent :

Nombre de gadgets prévus :

Dotation financière prévue par sortie :

Message à faire passer :

Mots clés du message :

Temps d'intervention :

Choix et suivi des supports digitaux

Superviseur ou personne responsable : Celcom

Nombre d'interventions par mois : Voir calendrier

Administrateur : Celcom

Comité de sélection des informations : Celcom

Durée de mise à disposition d'une information : Selon l'importance.

Temps de retrait des informations : Selon importance

Période de mise à jour : Voir avec l'informaticien.

Conclusion

Produire un support de communication est un processus très complexe qui demande de la créativité de la part du stratège. Cette créativité commence par la découverte d'une idée originale. Cette idée originale s'appelle encore l'idée de vente. C'est elle qui sera déclinée sur tous les supports *print*, audio, vidéo, sérigraphie et gravure. C'est elle qui sera déclinée sur tous les supports de communication prévus pour la promotion dudit produit ou service. Le stratège doit maitriser le processus de création et de déclinaison de l'idée de vente en idée de communication. Voici en définitive le processus d'élaboration d'un support de communication stratégique :

- La conception : il s'agit de trouver l'idée de vente, le créneau.
- La réalisation : il s'agit ici de la fabrication de tous les supports possibles, capable de matérialiser l'idée de vente.
- La diffusion : c'est la vulgarisation de l'idée de vente à travers tous les supports disponibles ; médias, hors médias et digitaux.

CONCLUSION GÉNÉRALE

Aujourd'hui plus que par le passé, la communication est devenue une nécessité absolue pour toute entreprise qui veut vendre, se faire connaitre, se faire aimer, se faire apprécier des consommateurs et des prospects, informer la population sur ses activités, sur ses résultats. La communication est devenue nécessaire pour les entreprises qui veulent vivre, durer sur le marché, réussir et faire un chiffre d'affaires probant.

Pour ce faire, le stratège doit mettre en exergue trois processus conjoints et liés entre eux :

- D'abord, il faut que le stratège maitrise l'environnement dans lequel évolue l'entreprise. Deux environnements s'offrent à lui ; l'environnement interne et l'environnement externe qui parait beaucoup plus complexe. À l'interne, le stratège doit maitriser le circuit de communication, les relations et les interactions entre les employés. À l'externe, le stratège doit pouvoir comprendre le comportement d'achat et de consommation des consommateurs ; connaitre la communication de la concurrence pour pouvoir, le cas échéant la contrecarrer…
- Ensuite le stratège doit pouvoir maitriser et connaitre les outils, les techniques, les procédés, les enjeux, les impacts, les procédés de communication en vigueur et les adapter à sa communication.

– Enfin le communicateur doit savoir à quel moment diffuser son message auprès de son public cible. La connaissance des canaux de communication est d'une très grande importance, car ce sont eux qui vont donner la valeur au message qui sera diffusé.

Quel que soit le plan de communication ou la stratégie de communication à mettre en œuvre, le passage par ces trois processus de communication devient comme un impératif absolu. La communication des organisations, la stratégie de communication, le plan de communication, la recommandation stratégique ou encore les projets et les commandites de communication ne se font pas *ex nihilo*, c'est-à-dire à partir de rien. La stratégie de communication ne se fait pas non plus tout d'un coup, tout à coup ou subitement sous prétexte que l'on est diplômé et que la communication n'a plus de secret pour soi.

Toutes communication dans les organisations nécessitent une discipline dans les choix à opérer, une rigueur dans son élaboration, une créativité dans la mise sur pied d'un projet de communication et surtout une bonne dose d'expérience et de savoir-faire dans les décisions stratégiques à prendre, car communiquer, c'est faire et commettre un acte de communication, c'est se commettre.

RÉFÉRENCES BIBLIOGRAPHIQUES

Abraham Moles, *Les Sciences de l'imprécis*, Paris, Seuil, 1990

Alex Mucchielli, Jeanine Guivarch, *Nouvelles méthodes d'études des communications*, Paris, Armand Colin, 1998

André Beaufre, *Introduction à la stratégie*, Paris, A. Colin, 1963

Augendre M., *Un enjeu pour les organisations*, Sciences humaines, n° 16, hors-série, La communication : état des savoirs, mars – avril 1997, p45

Boteteme Munné, Gervais Cwako, *Glocalisation de la communication publicitaire. Enjeux et pratiques en Afrique subsaharienne*, Paris, L'Harmattan 2020.

Claude Chabrol & Miruna Radu, *Psychologie de la communication et persuasion. Théories et applications,* de boeck, 2008

Éric Bizot et Als, *La communication : le programme en 70 fiches*, Paris, Dunod, 2010.

Henri Amblard & all, *Les nouvelles approches sociologiques des organisations*, Paris, Seuil, 1996

James William Dudley, *Stratégie des années 90, le défi du marché unique*, Paris, les éditions d'Organisation, 1990

Jean Brilman, Jacques Hérard, *Les meilleures pratiques de management*, Paris, Edition d'Organisation, 6ᵉ édition

Jean Marie Auvinet & als, *La communication interne au cœur du management*, Paris, les éditions d'Organisation, 1991

Jean Marie Auvinet, *Organiser la communication en milieu industriel*, Paris, les éditions d'Organisation, 1991

Jean-Luc Michel, *Les professions de la communication*, Ellipses, 1999

Marion Philippe, *Communication publicitaire*, DUC.

Servanne Barre, Anne-Marie Gayrard-Carrera, *La boite à outils de la publicité*, Paris, Dunod, 2015

Sylvie Grosjean et Luc Bonneville, *La communication organisationnelle. Approches, processus et enjeux,* Quebec, Chenelière éducation, 2010.

TABLE DES MATIÈRES

CHAPITRE IV : LA PRODUCTION DES SUPPORTS DE COMMUNICATION 95